La saisie pénale des biens incorporels

BIBLIOTHÈQUE*S* DE DROIT

COLLECTION FONDÉE ET DIRIGÉE PAR JEAN-PAUL CÉRÉ

Cette collection a pour vocation d'assurer la diffusion d'ouvrages scientifiques sur des thèmes d'actualité ou sur des sujets peu explorés dans le domaine des sciences juridiques. Elle se destine notamment à la publication de travaux de jeunes chercheurs.

Dernières parutions

A. Germon, Le rôle d'initiative des administrations dans l'action publique
N. Noto-Jaffreux, Le conflit d'intérêt chez les avocats

M. Tessier, Les procédures de la criminalité organisée devant la Cour de cassation

C. BELLARD, Les crimes au féminin

W. BUIRON, Droits des patients en fin de vie et pouvoir médical

V. DA SILVA, Réussir son cas pratique en droit de la responsabilité

J.P. CÉRÉ, Droit disciplinaire pénitentiaire

C. GAFFURI et J. FROMGET, L'accueil des détenus dans les prisons françaises

R. COLSON, Les transformations de la justice pénale. Une comparaison franco-anglaise

S. CLEMENT, L'internement administratif des étrangers en situation irrégulière

J. GOURDOU, O. LECUCQ et J.Y MADEC (dir.), Le principe du contradictoire dans le procès administratif

D. CONNIL et J. DUVIGNAU (dir.), Droit public et cinéma

V. DA SILVA, Réussir son cas pratique en droit de la famille

BIBLIOTHÈQUE DE *DROIT PENITENTIAIRE*

Nicolas Lory

La saisie pénale des biens incorporels

L'Harmattan

5-7, rue de l'École-Polytechnique ; 75005 Paris

http://www.librairieharmattan.com
diffusion.harmattan@wanadoo.fr
harmattan1@wanadoo.fr

ISBN : 978-2-343-07408-5
EAN : 9782343074085

Je tiens à remercier M. Gildas Roussel, pour m'avoir guidé tout au long de mon travail de recherche. Sa rigueur et sa disponibilité m'ont été d'une aide précieuse dans l'élaboration de ce Mémoire.

Mes remerciements s'adressent également à mes parents, Christian et Laurence, qui me soutiennent et m'aident depuis tant d'années.

Je remercie également ma famille pour leurs encouragements, et notamment Sylvie Porcher, pour ses conseils avisés.

Enfin mes remerciements s'adressent à mes amis, et en particulier Jean-Noël Genin qui m'a épaulé et conseillé tout au long de cette année.

Principales abréviations

AGRASC ....
Agence de gestion et de recouvrement des avoirs saisis et confisqués
AJ pénal ....Actualité Juridique pénal (Dalloz)
Al. .... Alinéa
Art. ....Article
BCR .... Brigade de contrôle et de recherches
Bull. crim...Bulletin de la chambre criminelle de la cour de cassation
Bull. Joly .... Bulletin Joly Sociétés
CA .... Cour d'Appel
Cass. .... Cour de cassation
C. assur. .... Code des assurances
C. civ. .... Code civil
C. com. ....Code de commerce
CEDH .... Cour européenne des droits de l'Homme
CESEDA...
...........Code de l'entrée et du séjour des étrangers et du droit d'asile
CGI ....Code Général des Impôts
Ch. ....Chambre
Chron.. Chronique
Circ. ....Circulaire
Civ..Chambre civile de la cour de cassation
CMF .... Code monétaire et financier
C. mut. ....Code de la mutualité
Cons. Const. .... Conseil Constitutionnel
CP .... Code Pénal
CPP .... Code de procédure Pénale
Crim. .... Chambre criminelle de la cour de cassation
C. sec. soc. .... Code de la sécurité sociale
C. trav. ....Code du travail
CV .... Cheval fiscal
D. .... Recueil Dalloz
D. act. .... Dalloz actualité

DDFiP ....Direction Départementale des Finances Publiques
Déc. ....Décision
DP ....
...Dalloz Périodique (dans le Recueil Dalloz), a disparu depuis 1941
Dr. ....Droit
Éd. ....Édition
Gaz. Pal. ....Gazette du Palais
GIR ....Groupe d'Intervention Régional
GRASCO ....
.... Groupe de Recherches Actions Sur la Criminalité Organisée
JCl. Pénal Code ....Juris-Classeur Pénal
JCl. Procédure pénale .... Juris-Classeur Procédure pénale
JCl. Sociétés Traité .... Juris-Classeur Sociétés et Traités
JCP E ....La semaine juridique édition entreprise et affaires
JCP G .... La semaine juridique édition générale
JLD ....Juge de la Liberté et de la Détention
L. ....Loi
N° ....Numéro
Obs. .... Observations, commentaires doctrinaux
OPJ ....Officier de Police Judiciaire
P. ....Page
Préc. ....Précité
PUF ....Presses Universitaires de France
QPC ....Question Prioritaire de Constitutionnalité
RD bancaire et bourse ....Revue de Droit bancaire et de la bourse
Rép. pén. Répertoire de droit pénal et de procédure pénale (Dalloz)
Req. ....Requête
RSC ....
..... Revue de Science Criminelle et de droit pénal comparé (Dalloz)
S. ....Suivant
T. .... Tome
TRACFIN ....
Traitement du renseignement et action contre les circuits financiers clandestins
URSSAF ....
Union de Recouvrement des cotisations de Sécurité Sociale et d'Allocations Familiales
V. ....Voir

Préface

L'idée d'un sujet portant sur la saisie des biens incorporels est venue suite à une discussion avec le Capitaine de Gendarmerie Emmanuel Aubry du groupe d'intervention régional de Bretagne. D'une certaine manière, il est un peu l'instigateur du remarquable travail de Monsieur Lory. La saisie des avoirs criminels est en effet devenue un enjeu important de la répression pénale. Cet ouvrage répond à une vraie attente praticienne comme doctrinale. Les biens incorporels sont au cœur de problématiques juridiques complexes qui n'ont pas effrayé Monsieur Lory. Ce dernier propose une étude complète de la saisie des différents biens incorporels, n'en oubliant aucun, même les plus exotiques. Pragmatique, il a choisi un plan suivant le déroulement d'une procédure, ainsi le lecteur n'est jamais perdu. Il propose en outre des solutions pertinentes.

Si Monsieur Lory s'est « saisi » d'un tel sujet, c'est enfin parce qu'il sera au cœur de ses préoccupations professionnelles. Bientôt sous-officier de gendarmerie, il deviendra un excellent enquêteur patrimonial. Son ouvrage lui sera utile comme il l'est dès maintenant à tous les juristes s'intéressant aux biens plus ou moins mal acquis des auteurs d'infraction et de leurs proches.

Brest, le 27 août 2015

Gildas ROUSSEL

Maître de conférences à l'Université de Bretagne Occidentale

Introduction

La loi n° 2010-768 du 9 juillet 2010[1] visant à faciliter la saisie et la confiscation en matière pénale a opéré un changement dans l'appréhension des saisies pénales. Avant cette loi, la saisie pénale tendait à la manifestation de la vérité et était, de ce fait, entendue comme la mise sous main de justice de tout bien ou objet susceptible de constituer un élément de preuve. Seule la saisie de pièces à conviction était donc envisagée. Mais cette loi, communément appelée « loi Warsmann » du nom de l'un de ses principaux instigateurs, est venue diversifier le rôle des saisies pénales en leur attribuant un rôle patrimonial. Désormais les saisies pénales permettent également d'appréhender des biens aux seules fins de garantir l'effectivité de la peine complémentaire de confiscation. Cette évolution a permis d'appréhender les enquêtes sous un tout nouvel angle. Dorénavant les services d'enquêtes envisagent également l'enquête sous un aspect patrimonial à travers la « mise en état patrimoniale » des affaires pénales[2]. Cette méthodologie d'enquête permet d'identifier les biens en amont pour bénéficier d'une vision claire et précise du patrimoine de la personne poursuivie. Cette pratique consiste donc à mettre en exergue, dès la procédure, les biens susceptibles d'être confisqués.

[1] L. n° 2010-768 du 9 juillet 2010, NOR : JUSX0912931L.
[2] V. Partie 2, Chapitre 1, Section 1, §1.

Il convient d'ores et déjà de distinguer deux notions voisines, naturellement associées car portant sur le même objet[3], à savoir la confiscation et la saisie pénale.

La confiscation est une peine prévue à l'article 131-21 du Code Pénal, elle consiste à priver l'auteur d'une infraction, de la propriété ou de la disposition d'un bien pour la transférer à l'État. Cette peine complémentaire a été déclarée conforme à la Constitution par le Conseil Constitutionnel saisi d'une Question Prioritaire de Constitutionnalité[4]. La Cour de cassation se refuse depuis de renvoyer toute Question Prioritaire de Constitutionnalité relative à cet article considérant que « l'ensemble des dispositions de l'article 131-21 du Code pénal instituant la peine complémentaire de confiscation a été déclaré conforme à la Constitution par le Conseil Constitutionnel[5] ».

La saisie pénale est organisée par le Code de procédure pénale. Cette mesure constitue un processus « présentenciel » qui a pour finalité la confiscation. Il est important de souligner que la saisie n'est qu'un préalable à la confiscation, mais que toute saisie ne conduit pas forcément au prononcé de la confiscation du bien. De plus, une confiscation peut être prononcée sans même que le bien n'ait été préalablement saisi.

---

[3] E. Camous, « Fasc. 20 : Peines criminelles et correctionnelles – Confiscation », JCl. Pénal Code 2014.

[4] Cons. const., 26 nov. 2010, n° 2010-66 QPC.

[5] Crim. 24 avr. 2013, n° 12-87.473 : JurisData n° 2013-008394 ; Dr. Pén. 2013, comm. 117, obs. A. Maron et M. Haas.

La saisie pénale est une mesure conservatoire[6], n'ayant donc de sens qu'au regard de son aspect provisoire. Elle permet de mettre sous main de justice tout bien susceptible d'être confisqué. Procéder à la saisie des biens de la personne poursuivie est un moyen d'éviter la dissipation du patrimoine de l'intéressé.

Il est important de souligner que les personnes morales encourent, depuis la loi du 9 juillet 2010, la peine de confiscation prévue à l'article 131-21 du code pénal en vertu de l'article 131-39 du même code. Celle-ci s'applique dès que le texte d'incrimination le prévoit. Cette disposition est particulièrement intéressante au regard de l'élaboration par les personnes physiques poursuivies de montages frauduleux afin de faire échapper leurs biens à la confiscation, et donc à une saisie préalable.

La loi « Warsmann » a créé un Titre vingt-neuvième au sein du Code de procédure pénale intitulé « Des saisies spéciales ». Ces saisies spéciales constituent une catégorie particulière de saisie pénale car elles ne peuvent porter que sur un bien immobilier, un bien ou un droit mobilier incorporel ou sur une saisie sans dépossession. Elles ne s'opposent donc pas aux saisies pénales de « droit commun », mais viennent se substituer à leur régime en présence de biens particuliers tels les immeubles (art. 706-150 CPP), les biens ou droits mobiliers incorporels (art. 706-153 CPP), ou lorsque la saisie s'opère sur un fondement ou selon une modalité particulière, ainsi en est-il des saisies de patrimoine (art. 706-148 CPP) et des saisies

---

[6] L'expression employée n'ayant rien à voir avec l'article 706-103 du CPP relatif aux mesures conservatoires.

sans dépossession (art. 706-158 CPP). Ces saisies s'appliquant « afin de garantir l'exécution de la peine complémentaire de confiscation selon les conditions définies à l'article 131-21 du code pénal[7] ».

Les saisies spéciales ne sont pas pour autant constituées d'une « juxtaposition de procédures particulières[8] ». En effet, il existe des dispositions communes à toutes les saisies spéciales prévues aux articles 706-142 à 706-147 du CPP. Il en est déduit que les saisies spéciales bénéficient d'un régime juridique commun.

L'apparition de ces saisies spéciales a facilité et simplifié la saisie pénale de ces biens particuliers. En effet, les dispositions du Code de procédure pénale en vigueur avant 2010 étaient conçues pour appréhender matériellement des biens meubles corporels. Concernant les biens immobiliers et les biens ou droits mobiliers incorporels, il fallait se référer à l'article 706-103 du CPP relatif aux mesures conservatoires. Cet article permettait de prendre de telles mesures sur un bien, mais en vertu des modalités prévues par les procédures civiles d'exécution. Ces procédures civiles se sont révélées particulièrement inadaptées au champ pénal, car elles engendraient des difficultés pratiques et ne provoquaient pas l'indisponibilité du bien visé par la mesure. Ces procédures archaïques, longues et coûteuses ne permettaient donc pas de garantir la représentation du bien lors du jugement sur le fond. La loi du 9 juillet 2010 est ainsi

---

[7] Art. 706-141 CPP.

[8] L. Ascensi, Saisies spéciales, *Rép. pén.* Septembre 2014, 5.

venue apporter une réelle autonomie des saisies spéciales à l'égard des procédures civiles d'exécution.

La Chambre criminelle de la Cour de cassation a eu à se prononcer sur la conformité, des saisies spéciales, à la Constitution. Ainsi la Haute juridiction a été saisie d'une Question Prioritaire de Constitutionnalité sur la conformité des articles 706-141 à 706-165 du CPP au « droit de propriété garanti par les articles 2 et 17 de la Déclaration des droits de l'Homme et du citoyen, de la présomption d'innocence garantie par l'article 9, aux droits de la défense garantis par l'article 16 et du principe de proportionnalité des sanctions à la gravité des infractions garanti par l'article 8 du même texte ». Elle refusa de transmettre cette question aux sages en considérant qu'elle ne portait pas « sur l'interprétation d'une disposition constitutionnelle dont le Conseil constitutionnel n'aurait pas encore eu l'occasion de faire application » et que de ce fait elle n'était pas nouvelle[9].

La Chambre criminelle estima également que la question n'était pas sérieuse dès lors que « d'une part, les saisies spéciales prévues par les textes visés ne peuvent être ordonnées, selon les conditions définies par l'article 131-21 du code pénal, que si elles sont destinées à garantir l'exécution d'une peine de confiscation susceptible d'être prononcée dans les cas limitativement énumérés par ledit code, que d'autre part, ces saisies sont autorisées ou ordonnées par un juge, également compétent pour statuer sur leur exécution ou sur les actes ayant pour conséquence de transformer, modifier substantiellement le

[9] Crim. 5 févr. 2013, n° 12-90.069.

bien en cause ou d'en réduire la valeur, et qu'enfin, elles sont notifiées à la personne concernée, au propriétaire d'un bien ou du droit incorporel en cause ainsi qu'aux intéressés qui peuvent les déférer à la chambre de l'instruction ». En outre les articles 41-4, 99, 479 et 543 du CPP instituent des procédures de restitution des biens placés sous main de justice qui sont assorties de voies de recours, les droits des tiers étant préservés par la mise en œuvre des articles 41-5 et 99-2 du même code[10].

La Chambre criminelle confirma cette position dans deux arrêts en date du 24 avril 2013[11] puis dans un arrêt rendu le 30 avril 2014[12].

La procédure de saisie pénale a subi des modifications importantes, initiées par la loi du 9 juillet 2010 et complétées par la loi du 14 mars 2011[13], la loi du 27 mars 2012[14] et enfin celle du 6 décembre 2013[15]. Ces réformes ont permis de simplifier la procédure de saisie pénale pour la rendre plus efficace. Ainsi cette succession de lois représente une volonté de parfaire la loi de 2010 et de l'adapter à la délinquance.

[10] Crim. 5 févr. 2013, n° 12-90.069.
[11] Crim. 24 avr. 2013, n° 12-87.473.
[12] Crim. 30 avr. 2014, n° 13-85.558.
[13] L. n° 2011-267 du 14 mars 2011 d'orientation et de programmation pour la performance de la sécurité intérieure, NOR : IOCX0903274L.
[14] L. n°2012-409 du 27 mars 2012 de programmation relative à l'exécution des peines, NOR : JUSX1128281L.
[15] L. n° 2013-1117 du 6 décembre 2013 relative à la lutte contre la fraude fiscale et la grande délinquance économique et financière, NOR : JUSX1310649L.

Ces changements trouvent notamment leur explication dans l'influence du droit international et européen sur la procédure française.

Les conventions internationales conclues par la France font de la saisie des avoirs criminels l'un des éléments incontournables de la lutte contre la criminalité organisée et la grande délinquance financière. Cette volonté d'appréhender le fruit des infractions ressort de plusieurs Conventions des Nations Unies dont la plus célèbre est celle relative à la lutte contre la criminalité transnationale organisée dite Convention de Palerme[16].

Ceci apparaît également, concernant les atteintes à la probité, dans l'article 3§ 3 de la convention de l'Organisation de Coopération et de Développement Économiques du 17 décembre 1997 sur la lutte contre la corruption d'agent public étranger dans les transactions commerciales internationales et dans l'article 31 de la convention des Nations Unies du 9 décembre 2003, dite « convention de Mérida », contre la corruption, qui imposent aux États parties de prendre toutes les mesures nécessaires pour saisir, puis confisquer, le produit des infractions établies conformément à ces conventions.

L'Union européenne s'est aussi engagée dans cette voie à travers la multiplication de textes visant à favoriser l'identification, la saisie puis la confiscation des avoirs criminels entre 2001 et 2007. Ainsi est apparue la décision-cadre n° 2001/500/JAI du Conseil du 26 juin 2001

---

16 Convention des Nations Unies contre la criminalité transnationale organisée, adoptée par la résolution 55/25 de l'Assemblée générale le 15 novembre 2000.

relative au blanchiment d'argent, l'identification, le dépistage, le gel ou la saisie et la confiscation des instruments et des produits du crime. Mais également la décision-cadre n° 2003/577/JAI du Conseil du 22 juillet 2003 relative à l'exécution dans l'Union européenne des décisions de gel de biens ou d'éléments de preuve, la décision-cadre n° 2005/212/JAI du Conseil du 24 février 2005 relative à la confiscation des produits et des instruments et des biens en rapport avec le crime, la décision-cadre n° 2006/783/JAI du Conseil du 6 octobre 2006 relative à l'application du principe de reconnaissance mutuelle aux décisions de confiscation, puis la décision n° 2007/845/JAI du Conseil du 6 décembre 2007 relative à la coopération entre les bureaux de recouvrement des avoirs des États membres en matière de dépistage et d'identification des produits du crime ou des autres biens en rapport avec le crime.

Enfin, une directive 2014/42/UE du Parlement européen et du Conseil du 3 avril 2014, que la France est tenue de transposer avant le 4 octobre 2016, doit porter sur le gel et la confiscation des instruments et des produits du crime dans l'Union.

Le Conseil de l'Europe s'est également engagé dans cette voie à travers l'adoption d'une Convention relative au blanchiment, au dépistage, à la saisie et à la confiscation des produits du crime, dite « convention de Strasbourg ».

Mais les réformes successives s'analysent aussi au regard de l'évolution de la délinquance et donc de la répression.

La confiscation a toujours été prononcée avec prudence et parcimonie par les juridictions pénales. N'étant qu'une peine complémentaire, elle a toujours été vue comme « moins importante que l'incarcération dans un ordre juridique qui a élevé la liberté individuelle au plus haut de la hiérarchie des normes[17] ». Mais cet état d'esprit a évolué avec le profil de la criminalité, orienté de plus en plus vers le profit. Ainsi la délinquance économique et financière a fait comprendre les limites des peines privatives de liberté. La confiscation est donc un moyen de répondre à une délinquance contemporaine, en prohibant tout enrichissement lié à une infraction pénale.

La peine de confiscation, au-delà de son rôle punitif, constitue un moyen de prévention de la criminalité en envoyant un signal fort aux délinquants, à savoir que « le crime ne paie pas[18] ». Son rôle punitif reste son atout essentiel, en privant les auteurs d'infractions de leurs gains illicites. Elle permet également, dans un contexte économique de plus en plus pesant, de verser au budget général de l'État le produit des confiscations non affecté à des fonds de concours.

Évoquer cette confiscation est une nécessité comptetenu du lien l'unissant avec les saisies pénales et donc les saisies spéciales. En effet, dans sa loi du 9 juillet 2010, le législateur a posé pour principe que « tout bien confiscable est saisissable ».

---

[17] E. Camous, « Fasc. 20 : Peines criminelles et correctionnelles - Confiscation », *JCl. Pénal Code* 2014.

[18] G. Geoffroy, Rapport n° 1689 visant à faciliter la saisie et la confiscation en matière pénale, 20 mai 2009.

De ce principe, sous forme d'adage judiciaire, il ressort que le régime des saisies est calqué sur celui de la confiscation. Ainsi, afin d'appréhender un bien dans le cadre d'une procédure, il convient de se référer au régime applicable aux confiscations pénales de l'article 131-21 du Code pénal.

La saisie pénale, comme dit précédemment, permet de garantir l'effectivité de la peine de confiscation[19]. L'absence de saisie pénale était, jusqu'à la loi du 9 juillet 2010, le talon d'Achille de la peine de confiscation. En effet, pour confisquer un bien, encore faut-il que ce dernier puisse être représenté. Or, sans saisie pénale préalable, la personne poursuivie avait la possibilité de dissiper son patrimoine avant tout jugement sur le fond et, de ce fait, ne pouvait se voir confisquer ses biens. La loi Warsmann est venue corriger cette faiblesse.

La saisie pénale permet donc de représenter les biens de l'auteur de l'infraction lors du jugement, et d'apporter au juge diverses possibilités pour fonder sa décision.

Ce Mémoire, intitulé « La saisie pénale des biens incorporels », a vocation à s'intéresser au régime et à la procédure applicable aux biens susceptibles d'être saisis en vertu du Chapitre IV relatif aux « saisies portant sur certains biens ou droits mobiliers incorporels » du Titre vingt-neuvième du Code de procédure pénale. Ainsi, ce travail envisage l'intégralité de ce Chapitre mais considère que la distinction entre biens et droits n'est pas

[19] Circ. 22 décembre 2010 relative à la présentation des dispositions résultant de la loi n° 2010-768 du 9 juillet 2010 visant à faciliter la saisie et la confiscation en matière pénale, NOR : JUSD1033251C.

nécessaire étant donné l'absence de différenciation, entre ces deux notions, par les praticiens et le législateur lui-même[20].

Les biens incorporels font l'œuvre d'une procédure spéciale du fait de leur nature particulière. En effet, ces biens présentent des caractéristiques qui leur sont propres et qui supposent une appréhension avec des modalités adaptées afin d'assurer la représentation de ces biens. Ainsi les articles 706-153 à 706-157 du CPP s'efforcent à garantir l'effectivité de la peine de confiscation en prenant en compte la dématérialité et la volatilité de ces biens. Cette caractéristique a pour conséquence de rendre difficile l'appréhension du bien du fait de l'absence de corporalité. Ceci engendrant une possibilité accrue de dissipation de ces biens.

C'est pour contrer cette possibilité que le législateur prévoit une procédure adaptée et particulière en présence de biens incorporels.

La représentation des biens incorporels a été favorisée par la création de la procédure propre à ces biens. Mais ceci ne constitue pas le seul élément en faveur de la confiscation.

La loi Warsmann a également créé une toute nouvelle structure permettant d'accompagner l'autorité d'enquête et de poursuite durant la procédure de saisie : l'Agence de Gestion et de Recouvrement des Avoirs Saisis et Confisqués. Cet établissement public, placé sous la double tutelle des ministères de la Justice et du Budget, dispose

[20] V. Partie 1, Chapitre 3, Section 1, §2.

de moyens humains et financiers pour accomplir les missions qui lui ont été imparties par les articles 706-159 à 706-164 du Code de procédure pénale.

L'AGRASC a pour rôle d'améliorer le traitement judiciaire des saisies et des confiscations en matière pénale. Pour ce faire, elle conseille, oriente et assiste les magistrats du siège et du parquet. Elle assure également la gestion de tous les biens saisis ou confisqués. Elle prend donc en charge les biens placés sous main de justice qui lui sont confiés et peut procéder, dans certaines hypothèses, à leur aliénation ou destruction.

Cet établissement est venu renforcer les autres unités mises en place comme la Plate-forme d'Identification des Avoirs Criminels en 2007 ou les Groupes d'Intervention Régionaux en 2002.

Les GIR ont été créés par une circulaire interministérielle du 22 mai 2002[21]. Ces unités sont composées à parité de policiers et de gendarmes ainsi que de fonctionnaires relevant d'autres ministères comme des agents de la Douane et de l'Administration fiscale. Les GIR ont pour objectif de lutter contre les trafics et la délinquance organisée. Pour ce faire, ces enquêteurs, spécialisés dans « l'écofi » (économique et financier), vont s'attacher à l'aspect patrimonial des différentes affaires afin d'identifier et d'appréhender les biens de la personne poursuivie.

La PIAC a été mise en place par la circulaire interministérielle du 15 mai 2007[22]. Elle est également une unité

[21] Circ. 22 mai 2002, NOR/ INT/ C/ 02/ 00129/ C.

[22] Circ. 15 mai 2007, NOR/ INT/ C/ 07/ 0065/ C.

interministérielle mais a pour vocation de centraliser l'information relative aux avoirs, patrimoines ou flux financiers illégaux et de mutualiser les capacités d'enquêtes. Elle apporte aussi un complément d'enquête aux investigations judiciaires traditionnelles.

L'objectif de ce travail est de comprendre le fonctionnement des saisies pénales des biens incorporels sur un plan national. Pour ce faire, il est nécessaire, de procéder dans un ordre bien précis. Il convient de se rappeler du principe posé par la loi du 9 juillet 2010, « tout bien confiscable, est saisissable ». Dès lors, les autorités d'enquête et de poursuite devront s'attacher à la « confiscabilité » du bien envisagé pour être en mesure de savoir si la saisie a une chance d'aboutir. Cette « confiscabilité » suppose une analyse minutieuse de l'article 131-21 du code pénal afin d'être en mesure de savoir dans quel cadre la saisie est possible et, auquel cas, entre les mains de qui elle s'opèrera.

Mais envisager une saisie pénale de bien incorporel nécessite également de connaître la nature juridique du bien devant être saisi. En effet, ces saisies pénales particulières doivent être analysées au vu des biens sur lesquelles elles portent. Cette saisie a vocation, en toute logique, de s'appliquer à des biens incorporels. Cependant, cette logique mérite d'être analysée au vu de la nature, parfois mixte, de certains biens.

L'étude des fondements des saisies pénales des biens incorporels n'est que le prélude à l'exercice d'une procédure spéciale. Le choix du fondement de la saisie et la nature juridique du bien étant établie, il doit être fait application d'une procédure particulière car adaptée à ces biens incorporels. De ce fait il est nécessaire de s'interroger sur le déroulement de cette procédure qui sera fonction d'une pluralité de facteurs.

Enfin ce travail, dans son ambition d'appréhender intégralement la saisie pénale des biens incorporels, a vocation à envisager diverses possibilités qui supposent une connaissance dépassant le simple intitulé de ce Mémoire. Il s'agira donc de supputer des cas concrets pour en dégager les problématiques et les solutions envisageables.

Cette étude se divisera en deux grands axes, d'abord les fondements de la saisie pénale des biens incorporels (Partie 1), ensuite les procédures applicables à la saisie pénale des biens incorporels (Partie 2).

Cette division est la plus pragmatique, car elle découle du raisonnement mis en œuvre par les enquêteurs dans leur activité quotidienne. En effet, dans un premier temps, il convient d'analyser si la saisie est possible et de déterminer la nature juridique des biens dont la saisie est envisagée, avant de s'intéresser à la procédure susceptible d'être appliquée.

1ère PARTIE : LES FONDEMENTS DE LA SAISIE PÉNALE DES BIENS INCORPORELS

L'étude des fondements de la saisie pénale de biens incorporels nécessite de distinguer trois phases. Les deux premières supposent de s'attarder sur la confiscation. Afin de savoir si un bien peut être saisi, il convient de vérifier si celui-ci est susceptible d'être confisqué.

La première phase consiste donc à appréhender les différents fondements que permet le Code pénal en son article 131-21. En effet cet article sert de fondement aux saisies pénales et permet différentes possibilités d'appréhension en fonction de l'infraction commise et de l'origine du bien devant être saisi (Chapitre 1).

La deuxième phase s'attarde sur la qualité de la personne objet de la saisie. Cette qualité revêt une importance non-négligeable, non seulement car elle fait varier la saisie en fonction du titre sur le bien, mais également parce qu'elle peut avoir une influence néfaste sur la saisie (Chapitre 2).

Enfin la dernière phase permet de choisir le type adéquat de saisie en considérant la nature du bien devant être saisi. Il apparaît que c'est ce dernier qui impactera le choix de la procédure à adopter (Chapitre 3).

Chapitre 1. Une saisie fondée sur la confiscation

L'étude du champ d'application de la saisie pénale de biens incorporels passe nécessairement par l'étude de la confiscation car il existe, entre ces deux notions, « un lien d'indivisibilité extrêmement fort[23] ». Ceci découle d'une simple lecture des dispositions légales utiles, à savoir les articles 706-141 du Code de procédure pénale et 131-21 du code pénal.

Le premier énonce que les saisies spéciales s'appliquent « afin de garantir l'exécution de la peine complémentaire de confiscation selon les conditions définies à l'article 131-21 du code pénal », dès lors l'étude des saisies nécessite l'analyse du champ d'application des confiscations.

Cette similitude de champ d'application a été rappelée récemment par la chambre criminelle de la Cour de cassation dans deux arrêts du 29 janvier 2014[24] considérant que « le champ d'application des saisies pénales spéciales prévues par l'article 706-141 et suivants du Code de procédure pénale se calque sur celui de la confiscation au sens de l'article 131-21 du code pénal ».

---

[23] C. Cutajar, Saisie pénale et « libre disposition », *D.* 2012, p. 1652.
[24] Crim. 29 janv. 2014, n° 13-80.062 et n° 13-80.063.

Les différentes possibilités de confiscation qu'offre l'article 131-21 du code pénal, texte déterminant les conditions d'application de fond des saisies, sont autant de possibilités de saisies pénales de biens incorporels (Section 1). Cependant la nature particulière des biens incorporels ne permet pas d'utiliser l'article 131-21 du Code pénal sous toutes ses coutures. En effet il paraît compliqué de fonder une saisie de biens incorporels sur l'alinéa 7 de cet article, qui permet la saisie des « objets qualifiés de dangereux ou nuisibles par la loi ou le règlement ».

Un même acte infractionnel pourra permettre l'utilisation de plusieurs alinéas de l'article 131-21 du code pénal. Il revient donc aux autorités chargées de la poursuite de choisir le fondement qui permet de conduire à la confiscation du bien saisi (Section 2).

Section 1. Une pluralité de possibilités de saisies

La confiscation (et par conséquent la saisie) est naturellement encourue lorsqu'elle est spécialement prévue par le texte qui réprime l'infraction[25].

Mais l'article 131-21 du code pénal prévoit également des possibilités de saisies s'effectuant dans un cadre général. Celles-ci se classent en deux catégories distinctes : les saisies de biens incorporels en lien avec l'infraction (§ 1) et, en cas de saisies élargies, la possibilité de saisir les biens incorporels sans lien avec l'infraction (§ 2).

---

[25] Art. 131-21 alinéa 1 CP.

§ 1. La saisie de biens en lien avec l'infraction

Il existe donc un cadre général dans lequel la saisie de biens en lien avec l'infraction peut être prononcée même si elle n'a pas été spécialement prévue par la loi ou le règlement. Ainsi les biens instruments (A), objet ou produit de l'infraction (B) seront susceptibles de saisies si l'infraction est punie d'une peine d'emprisonnement d'une durée supérieure à un an[26]. Cette règle de principe a pour rôle de combler les carences parsemant les textes pénaux.

Cette condition liée au quantum de la peine encourue n'empêche pas le prononcé d'une saisie dès lors qu'un texte spécial le prévoit.

Il est à noter que le législateur n'autorise pas les saisies fondées sur l'article 131-21 du code pénal en ce qui concerne les délits de presse[27].

A. Le bien, instrument de l'infraction

La saisie pénale de biens incorporels peut se fonder sur l'article 131-21 alinéa 2 du code pénal. Celui-ci permet la saisie des biens « ayant servi à commettre l'infraction ou qui étaient destinés à la commettre[28] ».

Ainsi le champ d'application de ce fondement se trouve être limité quant au bien pouvant être saisi, celui-ci ne pouvant être que l'instrument de l'infraction.

---

[26] Art. 131-21 al. 1 CP.
[27] Art. 131-21 al.1 CP.
[28] Art. 131-21 al. 2 CP.

Mais ce fondement est envisageable pour les biens incorporels. En effet, l'article 131-21 alinéa 2 CP prévoit son application pour « tous les biens meubles ou immeubles, quelle qu'en soit la nature ».

La saisie du bien ayant servi à commettre l'infraction suppose l'existence d'un lien de causalité directe entre le bien dont la saisie est envisagée et l'infraction. Il en sera ainsi par exemple en matière de délit d'initié[29], l'infraction n'aura pu être commise que par l'achat d'actions qui se trouvent par conséquent au cœur de l'élément matériel. Il sera possible de saisir ces actions sur le fondement de l'article 131-21 alinéa 2 CP en considérant ces biens meubles incorporels comme l'instrument de l'infraction.

De la même façon, un fonds de commerce servant de couverture à un trafic de stupéfiants pourra se voir saisi sur un tel fondement.

De plus, cet alinéa permet la saisie des biens destinés à commettre l'infraction. Ceci suppose que l'infraction n'a pas forcément été consommée. Cette précision permet d'appréhender les hypothèses où la tentative est punissable.

Il sera donc possible de saisir l'instrument de l'infraction en toute hypothèse pour les crimes et dans certains cas pour les délits[30].

Néanmoins ce fondement de la saisie pénale de biens incorporels semble être relégué au second plan face à la saisie du bien objet ou produit de l'infraction. En effet

---

[29] Art. L. 465-1 et s. CMF.
[30] Art. 121-4 CP.

les biens incorporels sont le plus souvent le fruit de l'infraction et de ce fait subissent une saisie fondée sur l'article 131-21 alinéa 3 du Code pénal.

B. Le bien, objet ou produit de l'infraction

La saisie pénale de biens incorporels peut également se fonder sur l'article 131-21 alinéa 3 du Code pénal. En effet le bien objet ou produit de l'infraction pourra, dans le respect des conditions de l'article 131-21 alinéa 1 du code pénal, être confisqué et donc saisi.

Cet alinéa s'applique « sur tous les biens[31] », dès lors la saisie pénale de biens incorporels objet ou produit de l'infraction est donc envisageable.

L'objet de l'infraction, ne bénéficiant pas d'une définition légale le faisant entrer dans une catégorie juridique déterminée, désigne sur quoi porte l'infraction. Selon E. Camous « il entretient des liens étroits avec le mobile, c'est-à-dire l'objectif que poursuit le délinquant dans la réalisation de son acte. Ainsi entendu, l'objet de l'infraction conduit à s'intéresser au résultat obtenu ou recherché[32] ».

Le produit de l'infraction est à différencier de l'objet en ce sens que le produit s'attachera aux richesses que l'objet a permis d'obtenir. Cette notion de produit permettant d'appréhender toutes les richesses acquises ou créées par l'objet de l'infraction.

---

[31] Art. 131-21 al. 3 CP.

[32] E. Camous, Fasc. 20 : Peines criminelles et correctionnelles - Confiscation, *JCl. Pénal Code* 2014.

Ce cas de saisie très large est de loin le plus pratiqué et le moins discutable car il ne serait pas compréhensible qu'un délinquant ou un criminel puisse conserver le produit de l'infraction commise.

Dans ces différentes hypothèses, objet ou produit de l'infraction, ce fondement requiert qu'il soit démontré l'existence d'un lien de causalité entre le bien objet ou produit et l'infraction. Ce lien s'établira en démontrant que les fonds proviennent d'une activité illicite. Faute de lien, la saisie ne pourra être fondée sur cet alinéa 3 de l'article 131-21 CP.

Concernant le produit de l'infraction, le lien de causalité pourra être direct ou indirect.

Le produit direct de l'infraction renvoie à « l'existence d'un lien de causalité linéaire entre la commission de l'acte et le profit que le délinquant en a retiré[33] ». Il en va ainsi de la saisie du produit d'un trafic de stupéfiants versé sur un compte bancaire.

Le produit indirect constitue toutes les formes d'enrichissement susceptibles d'avoir un lien avec la commission des faits. Cette catégorie va beaucoup plus loin que le produit direct en ce que la saisie suivra le produit qu'importe la forme qu'il revêtira. Il a été jugé, par exemple, que pouvait être confisquée la maison appartenant au condamné si les matériaux utilisés pour sa construction et l'achat du terrain sur lequel elle se situe

[33] E. Camous, Fasc. 20 : Peines criminelles et correctionnelles – Confiscation, *JCl. Pénal Code* 2014.

ont été financés au moyen de fonds d'origine illicite[34]. Concernant les biens incorporels il pourra s'agir de polices d'assurances sur la vie acquises grâces au produit d'un trafic de stupéfiants.

L'article 131-21 alinéa 3 du code pénal prévoit, pour préserver les droits du propriétaire, que si « le produit de l'infraction a été mêlé à des fonds d'origine licite pour l'acquisition d'un ou plusieurs biens » alors la saisie ne pourra porter que « sur ces biens qu'à concurrence de la valeur estimée de ce produit ».

Néanmoins ce sera à la personne concernée de rapporter la preuve de la part correspondant à d'autres sources de revenus[35]. Il est donc procédé à un renversement de la charge de la preuve en considérant qu'à partir du moment où une partie du bien est issue du produit de l'infraction alors l'intégralité de ce bien en sera également le fruit sauf à ce que la personne concernée en ramène la preuve contraire.

De toute évidence le législateur n'a pas voulu étendre cette saisie à l'intégralité du bien lorsque celui-ci est issu d'un mélange de fonds d'origine licite et illicite. En effet ce dernier aurait pu exploiter les ressources d'un adage à savoir *fraus omnia corrumpit*[36] afin d'appréhender le bien dans son intégralité peu important qu'une partie des fonds soit licite.

[34] Crim. 27 avr. 2000, JurisData n° 1996-002469 ; Bull. crim. 1996, n° 127 ; Dr. Pénal 1996, comm. 214, note M. Véron.
[35] Crim. 9 mars 2011, n° 10-82.319.
[36] « La fraude corrompt tout. »

Ce principe général du droit partage le rare privilège, vigile suprême, de garantir la loyauté dans les rapports juridiques[37] et c'est pour cela, semble-t-il, que le législateur n'a pas franchi le pas considérant qu'une partie des fonds était légale.

Au-delà des saisies portant sur des biens en lien avec l'infraction, l'article 131-21 CP prévoit également des possibilités de saisir des biens sans lien avec l'infraction.

§ 2 : La possibilité de saisir des biens sans lien avec l'infraction

L'article 131-21 du Code pénal prévoit également des hypothèses où il ne sera pas nécessaire d'établir un lien entre l'objet saisi et l'infraction. Il s'agit des saisies de patrimoine (A) et des saisies en valeur (B).

A. La sévérité de la saisie de patrimoine

La loi prévoit deux hypothèses de saisie de patrimoine dans lesquelles un bien incorporel peut être saisi quand bien même il n'existe aucun lien de causalité entre ledit bien et l'infraction. Ces deux saisies patrimoniales ont chacune une particularité, la première établit une véritable présomption de lien avec l'infraction (1)[38] alors que la seconde prévoit la saisie générale du patrimoine de la personne concernée (2)[39].

---

37 H. Roland, L. Boyer, « *Adages du droit français* », Litec, 4e éd., 2000, § 141, p. 288 s.
38 Art. 131-21 al. 5 CP.
39 Art. 131-21 al. 6 CP.

Ces deux saisies présentent un caractère beaucoup plus offensif que les deux précédentes en ce qu'elles permettent la saisie de biens qui n'ont aucun lien avec l'infraction commise. C'est pour cela qu'elles sont souvent nommées « saisies élargies ».

Il ne faut pas comprendre par « saisie de patrimoine » qu'il s'agit forcément de la saisie de tout élément de patrimoine mais de la saisie des biens susceptibles de confiscation en application des alinéas 5 et 6 de l'article 131-21 du Code pénal.

1. Une présomption de lien avec l'infraction

L'article 131-21 alinéa 5 du Code pénal prévoit la saisie des biens dont la personne concernée ne peut justifier l'origine. Cette saisie est envisageable pour les biens incorporels car s'appliquant « sur les biens meubles ou immeubles, quelle qu'en soit la nature ».

Fonder une saisie de bien incorporel sur cet alinéa 5 de l'article 131-21 du Code pénal nécessite de satisfaire à des conditions. En effet une telle saisie n'est possible que pour les crimes ou délits punis d'au moins 5 ans d'emprisonnement et ayant procuré un profit direct ou indirect à la personne concernée[40].

La souplesse du *quantum* de peine encourue contribue à la sévérité de la saisie de patrimoine fondée sur l'alinéa 5. En effet celle-ci embrasse tous les crimes et la plupart des délits « complexes qui admettent une circonstance aggravante ».

---

[40] Art. 131-21 al. 5 CP.

Cependant il est de jurisprudence constante que ce délai de 5 ans d'emprisonnement se fait hors tout état de récidive légale[41].

Par ailleurs il devra être démontré que la personne poursuivie a tiré un profit direct ou indirect sans que ce profit soit défini par les textes. Ce silence permet une appréciation souple renvoyant à toutes les formes de bénéfice ou d'enrichissement de la personne poursuivie. Cette condition sera facilitée par le développement de la mise en état patrimoniale des dossiers[42].

De plus cette saisie nécessite que, dans la procédure, et le plus tôt possible, la personne poursuivie soit mise en mesure de justifier de l'origine des biens dont la saisie est envisagée. Il faut donc que cette personne soit interrogée sur cette question. Celle-ci devra s'expliquer sur l'origine des biens qu'elle prétend d'origine licite, ces explications devront être précises et étayées par des preuves.

Cet alinéa 5 crée donc une véritable présomption d'acquisition illicite de par le fait que la personne s'est enrichie par la commission de l'infraction pour laquelle elle est poursuivie[43]. Ce ne sera pas à l'autorité de poursuite de démontrer l'origine frauduleuse des biens appartenant à la personne poursuivie mais à cette dernière de prouver qu'ils ont été acquis de manière licite. Il y a donc un renversement de la charge de la preuve qui

---

[41] Crim., 19 févr. 2002, n° 01-88.182 : JurisData n° 2002-013475 ; D. 2003, somm. p. 32, note J. Pradel ; Dr. Pén. 2002, chron. 21 - Crim. 25 mai 2005, n° 05-81.724 : JurisData n° 2005-028785.

[42] V. Partie 2, Chapitre 1, Section 1, §1.

[43] Crim., 8 juin 2010, n° 09-82.732 et n° 09-84.085.

s'ajoute à un contournement de la prescription : si le bien a été acquis grâce à une infraction prescrite ou avant l'entrée en vigueur de la loi, le bien pourra tout de même être saisi.

Mettre en mesure la personne poursuivie de s'expliquer sur l'origine des biens dont la saisie est envisagée permet de ne pas porter atteinte au principe du procès équitable, principe auquel la Cour Européenne des Droits de l'Homme est particulièrement attachée.

Tout comme pour le profit, ce sera le rôle de la mise en état patrimoniale du dossier[44] de faire un tri des biens d'origine licite et illicite.

2. Une absence de lien avec l'infraction

L'article 131-21 alinéa 6 du Code pénal offre la possibilité de saisir « tout ou partie des biens » de la personne poursuivie « quelle qu'en soit la nature », les biens incorporels peuvent donc être envisagés, « lorsque la loi qui réprime le crime ou le délit le prévoit ».

Cette saisie constitue l'arme la plus offensive de l'arsenal juridique des saisies car elle permet de saisir des biens dont la valeur excède le seul produit de l'infraction. Le législateur a permis la confiscation, et donc la saisie, durant la procédure de tout ou partie des biens de la personne poursuivie, sans avoir à démontrer que ses biens sont d'origine illicite. La démonstration par la personne saisie qu'un bien est d'origine licite n'a par conséquent

[44] V. Partie 2, Chapitre 1, Section 1, §1.

aucune incidence lorsque la saisie est fondée sur l'alinéa 6.

La saisie générale est conçue comme une peine en soi et n'est absolument pas fondée sur une présomption d'origine illicite du bien. La saisie est prévue non pas parce qu'il est estimé que les biens sont d'origine illicite mais plutôt à titre de sanction. C'est parce que l'origine du bien est licite que cette peine complémentaire est considérée comme une véritable sanction.

Cependant, étant donné son caractère extraordinaire, cette saisie n'est possible que lorsqu'elle est prévue spécifiquement par les textes d'incriminations. Il s'agit bien évidemment des infractions considérées comme les plus graves du droit français.

Cette saisie générale est prévue par les dispositions suivantes :

– Article 213-1, 4° et 213-3, 2° du Code pénal concernant les crimes contre l'humanité commis respectivement par des personnes physiques ou par des personnes morales[45] ;

– Article 215-1, 4° et 215-3, 3° du Code pénal concernant les crimes contre l'espèce humaine commis respectivement par des personnes physiques et morales, à savoir les crimes d'eugénisme et de clonage reproductif[46] ;

[45] Art. 211-1 à 212-3 relatifs au génocide et aux autres crimes contre l'humanité CP.
[46] Art. 214-1 à 214-4 CP.

– Article 222-49 alinéa 2 du Code pénal pour les personnes physiques et morales concernant les crimes les plus graves concernant le trafic de stupéfiants : le fait de diriger un groupement ayant pour objet le trafic (article 222-34 CP) ; la production ou la fabrication illicite de stupéfiants (article 222-35 CP) ; l'importation ou l'exportation illicite de stupéfiants commises en bande organisée (article 222-36 CP) ; le transport, la détention, l'offre, la cession, l'acquisition ou l'emploi illicite de stupéfiants (article 222-37 CP) ; le blanchiment du produit du trafic de stupéfiants (article 222-38 CP) ;

– Article 225-25 du Code pénal concernant les atteintes à la dignité de la personne les plus graves commises par des personnes physiques ou morales coupables de traite des êtres humains[47] et de proxénétisme[48] ;

– Article 227-33 du Code pénal concernant la corruption de mineur[49] et la pédopornographie commises en bande organisée[50] par des personnes physiques ou morales ;

– Article 324-7, 12° et 324-9 du Code pénal pour les personnes physiques ou morales concernant les délits relatifs au blanchiment en général[51] ;

---

[47] Art. 225-4-1 à 225-4-9 CP.

[48] Art. 225-5 à 225-12 à l'exception de celle prévue par l'article 225-10-1 CP sanctionnant le racolage public en vue de la prostitution.

[49] Art. 227-22 al. 3 CP.

[50] Art. 227-23 al. 6 CP.

[51] Art. 324-1 et 324-2 CP.

– Article 422-6 du Code pénal concernant les actes de terrorisme commis par les personnes physiques ou morales ;

– Article 442-16 concernant la fausse monnaie commise par des personnes physiques ou morales[52] ;

– Article 450-5 du Code pénal concernant l'association de malfaiteurs en vue de la commission de crimes ou de délits punis de dix ans d'emprisonnement commise par des personnes physiques ou morales[53] ainsi que pour la non-justification de ressources : commise par personne ayant autorité sur un mineur qui se livre à la commission de crimes ou de délits punis d'au moins cinq ans d'emprisonnement et procurant à celles-ci un profit direct ou indirect[54] ; lorsque les infractions commises constituent les crimes ou délits de traite des êtres humains, extorsion ou association de malfaiteurs, trafic et usage de stupéfiants[55] ;

– Article 462-6 du Code pénal concernant les crimes ou délits de guerre visé par le livre IV *bis*[56] commis par les personnes physiques ou morales ;

– Articles L. 622-6 et L. 622-9 du Code de l'entrée et du séjour des étrangers et du droit d'asile concernant le délit d'aide à l'entrée au séjour irrégulier aggravé par les circonstances de l'article L. 622-5 du même code ;

---

52 Art. 442-1 à 442-3 CP.

53 Art. 450-1 al. 2 CP.

54 Art. 321-6-1 al. 1er CP.

55 Art. 321-6-1 al. 2 CP.

56 Art. 461-1 à 461-31 CP.

– Articles L. 623-2 et L. 623-3 du CESEDA pour les personnes physiques ou morales concernant les délits de reconnaissance d'enfant ou de mariage aux seules fins d'obtention d'un titre de séjour ou de la nationalité française commis en bande organisée[57] ;

– Article L. 8256-5 du Code du travail uniquement pour les personnes physiques concernant le délit de recours aux services d'un employeur d'étrangers sans titre[58] ;

– Article L. 8256-8 du Code du travail uniquement pour les personnes physiques concernant le délit d'emploi d'étrangers sans titre en bande organisée[59].

Dans toutes ces hypothèses, la saisie pourra être opérée sans qu'il soit nécessaire d'établir un lien de causalité entre le bien saisi et l'infraction commise et peu importe que le bien ait été acquis avant ou après les infractions commises. Ainsi, pèsera sur les épaules de la personne poursuivie une présomption d'appropriation frauduleuse du bien qui ne pourra en aucun cas faire échapper le bien de la saisie. Le simple titre de propriété du bien par la personne concernée permettra sa saisie.

Compte-tenu du caractère disproportionné de la saisie élargie de l'alinéa 6, il existe un contentieux nourri sur la violation des dispositions conventionnelles garantissant le droit de propriété et le respect à la vie familiale.

[57] Art. L. 623-1 al. 3 CESEDA.
[58] Art. L. 8256-2 C. trav.
[59] Art. L. 8256-2 C. trav.

Néanmoins la jurisprudence a validé la conformité de cette saisie élargie au droit conventionnel dans différents arrêts :

La chambre criminelle a validé la conformité de la saisie générale du patrimoine à la Convention européenne des droits de l'homme et à la convention internationale des droits de l'enfant garantissant le respect de la propriété et le respect de la vie familiale dans le cadre d'une saisie de l'ensemble des biens de la personne poursuivie, comprenant le domicile familial[60].

Ces saisies de patrimoine de l'alinéa 6 et plus particulièrement concernant l'article 225-25 du Code pénal relatif au proxénétisme a fait l'objet d'une Question Prioritaire de Constitutionnalité étant donné la disproportion provoquée par la saisie de l'entier patrimoine d'une personne.

Cette QPC n'a pas été renvoyée au Conseil Constitutionnel par la Cour de cassation qui considérait que la question ne présentait pas un « caractère sérieux[61] » en ce que l'article 131-21 du Code pénal avait déjà été déclaré conforme à la Constitution par le Conseil constitutionnel[62].

Mais les saisies de patrimoine ne sont pas les seules possibilités d'appréhender un bien ne présentant aucun lien avec l'infraction.

[60] Crim. 3 nov. 2011, n° 10-87.811.

[61] Crim., 12 févr. 2014, n° 13-83.760 : JurisData n° 2014-017408.

[62] Cons. Const. 26 novembre 2010, déc. n° 2010-66-QPC.

B. L'extension de la saisie en valeur

L'article 131-21 alinéa 9 du Code pénal permet la confiscation des biens en valeur. Une telle hypothèse est permise en matière de saisie spéciale depuis la loi du 27 mars 2012[63] en considérant l'article 706-141-1 du Code de procédure pénale : « La saisie peut également être ordonnée en valeur. ».

Cette saisie en valeur, s'appliquant sur « tous biens, quelle qu'en soit la nature[64] », est par conséquent envisageable pour les biens incorporels.

La loi du 27 mars 2012[65] a simplifié l'utilisation de la saisie en valeur en étendant son champ d'application. En effet, antérieurement à cette loi, pour que la saisie soit ordonnée en valeur, il était nécessaire de justifier que le bien n'avait pu être préalablement saisi ou représenté.

Désormais cette saisie n'est plus limitée à cette condition restrictive et peut donc être ordonnée en toute hypothèse.

Mais une question se posa quant à l'application dans le temps de ces nouvelles dispositions.

La Chambre criminelle de la Cour de cassation a eu la possibilité de se prononcer dessus à l'occasion d'un arrêt du 24 septembre 2014[66]. Elle décida alors que les nouvelles dispositions de l'article 706-141-1 du Code de

[63] L. n° 2012-409 du 27 mars 2012, art. 16-II.
[64] Art. 131-21 al. 10 CP.
[65] L. n° 2012-409 du 27 mars 2012, art. 16-I.
[66] Crim. 24 sept. 2014, n° 13-88.602.

procédure pénale devaient être applicables immédiatement.

Il en résulte que les faits commis antérieurement à l'entrée en vigueur de la loi du 27 mars 2012 peuvent faire l'objet de saisie en valeur. Cette décision était attendue étant donné que la Chambre criminelle avait déjà adopté une position similaire concernant les dispositions de la même loi étendant la saisie de patrimoine de l'article 706-148 du Code de procédure pénale aux biens dont la personne mise en cause a la « libre disposition[67] ».

La saisie en valeur permet donc de saisir l'ensemble des biens de la personne poursuivie, par équivalence notamment dans la limite du produit ou de l'instrument de l'infraction, mais sans qu'il soit nécessaire d'établir un lien entre le bien saisi et l'infraction commise. Cela suppose donc d'évaluer le produit de l'infraction afin de procéder à une saisie équivalente.

La Chambre criminelle ayant récemment confirmé qu'il n'était pas nécessaire d'établir le lien entre l'infraction reprochée et les biens saisis en présence d'une saisie en valeur, et que cette modalité de saisie ne pouvait porter que sur des biens inférieurs au produit de l'infraction poursuivie ou bien ne l'excédant pas[68].

La Cour de cassation a toutefois précisé que cette saisie en valeur ne pouvait avoir lieu lorsque la saisie du

---

[67] Crim. 9 mai 2012, n° 11-85.522 : V. Partie 1, Chapitre 2, Section 1, §2.

[68] Crim. 14 janv. 2015, n° 14-85.486 et Crim. 25 févr. 2015, n° 13-81.946.

bien était obligatoire[69]. Par exemple il est impossible de saisir en valeur un compte bancaire en lieu et place des produits stupéfiants objets de l'infraction.

De plus il ne pourra être procédé à un cumul entre saisie en nature et saisie en valeur[70]. En conséquence, si le produit ou la marchandise résultant de l'infraction a été saisi, il ne pourra pas être procédé à une saisie par équivalence correspondant à la valeur des biens déjà saisis, ceci afin d'assurer le respect du principe *non bis in idem*[71].

La saisie en valeur est plus précisément une saisie par équivalence : « elle repose sur un mécanisme de compensation par lequel est appréhendée une chose qui doit correspondre au montant confiscable des richesses dont la personne poursuivie a disposé[72] ».

Il s'agit de déterminer le montant que l'infraction a rapporté (par exemple une escroquerie ou un trafic de stupéfiant ayant rapporté 300 000 euros) et de saisir, dans le patrimoine de la personne poursuivie, l'équivalent de ces gains, soit 300 000 euros sur n'importe quel bien lui appartenant ou dont il a la libre disposition, sous réserve des droits du propriétaire de bonne foi.

---

[69] Crim. 22 mai 1997, n° 96-83.014 : Bull. crim. n° 199.

[70] Crim. 21 mars 1996, n° 94.86.139 : Bull. crim. n° 127 - Crim. 1er oct. 1998, n° 97-81.150.

[71] Principe selon lequel « nul ne peut être poursuivi ou puni pénalement à raison des mêmes faits » (ancien code d'instruction criminelle).

[72] E. Camous, « Fasc. 20 : Des saisies pénales spéciales - Régime général, *JCl. Procédure pénale* 2014 ».

Il est à préciser que le bien est saisi en totalité. Ce n'est qu'*in fine* que la juridiction de jugement prononcera la confiscation en valeur du bien à hauteur du montant du produit de l'infraction. Par exemple une assurance sur la vie d'un montant de 600 000 euros pourra être saisie en valeur alors même que le produit de l'infraction est estimé à 300 000 euros. La saisie n'étant qu'une mesure conservatoire, permettant de mettre à disposition de la justice des biens susceptibles d'être confisqués, il reviendra aux juges du fond de ne confisquer la créance figurant sur le contrat d'assurance sur la vie qu'à hauteur de 300 000 euros. Cette hypothèse semble, cependant, entrer en contradiction avec les arrêts de la Haute juridiction des 14 janvier et 25 février 2015[73] en considérant que la saisie en valeur dépasse le produit de l'infraction. Fort est à parier que, si pareil cas est soumis à la Cour de cassation, celle-ci fera valoir l'aspect provisoire des saisies pénales afin de sauver la procédure engagée, et ainsi assurer l'effectivité de la peine de confiscation.

L'article 131-21 alinéa 9 du Code pénal permet donc de choisir les biens sur lesquels la saisie sera opérée le plus facilement possible. Par exemple, au lieu de recourir à une saisie mobilière qui pose des problèmes de gestion et de stockage, il pourra être ordonné la saisie en valeur de sommes inscrites au crédit de comptes bancaires pour un montant équivalent au produit de l'infraction.

---

[73] Préc.

La saisie en valeur élargit donc les possibilités de saisie et invite à mener une réflexion stratégique sur le choix du type de saisie.

Il est à souligner que cette saisie ne présente que très peu d'intérêt en présence d'une saisie de patrimoine, puisque l'ensemble des biens de la personne poursuivie pourra être appréhendé.

Section 2. Le choix du fondement de la saisie

Le choix du fondement de la saisie émane des autorités d'enquête et de poursuite (§1). Ce choix n'est pas anodin car il doit prendre en compte une pluralité de facteurs. En effet, afin que ce soit opportun, il convient de se rappeler l'objectif des saisies à savoir « garantir l'exécution de la peine complémentaire de confiscation ». De ce fait le choix du fondement de la saisie revêt un caractère stratégique (§2).

§ 1 : Le choix des autorités d'enquête et de poursuite

Le choix du fondement de la saisie est facilité par la nouvelle méthodologie d'enquête développée ces dernières années par les autorités d'enquête et de poursuite : la mise en état patrimoniale des affaires pénales[74].

Cette méthode issue de la pratique opère un changement de culture afin de systématiser l'approche financière des investigations. Ceci a pour principal enjeu d'identifier le patrimoine des délinquants et ainsi d'opé-

[74] V. Partie 2, Chapitre 1, Section 1, §1.

rer un choix du fondement de la saisie pénale dès la phase d'enquête en considération des biens de la personne concernée. Cela permet également aux enquêteurs de savoir, avant même que la saisie ait eu lieu, quel type de saisie pratiquer et sur quel bien en prenant en compte la disponibilité juridique de celui-ci : qui pourra être, par exemple, grevé de droits réels comme le gage. Dans une telle hypothèse une saisie en valeur est plus opportune car saisir un bien grevé d'une sûreté constitue une mesure contre-productive puisqu'elle ne rapportera potentiellement *in fine* aucune somme à l'État.

De plus il devra être pris en compte le titre sur le bien. En effet un bien en la possession de la personne poursuivie appartient potentiellement à un tiers qui, s'il est de bonne foi, pourra le revendiquer[75]. Opérer une saisie dans cette situation peut paraître inopportun en considérant le peu de chance de voir confisquer le bien en cas de revendication.

Le choix des autorités d'enquête et de poursuite est aussi fonction des éléments matériels qui constituent le dossier. En effet, si la preuve est établie qu'un bien est le produit de l'infraction, il sera pertinent de le saisir sur le fondement de l'article 131-21 alinéa 3 du Code pénal (texte relatif à la confiscation de l'objet ou du produit de l'infraction).

Cependant si cette preuve n'est pas rapportée alors le bien peut être saisi, si les conditions propres à ces saisies sont remplies, sur le fondement des saisies de patrimoine

[75] V. Partie 1, Chapitre 2, Section 2, §1.

car dans telles circonstances il n'est pas utile d'apporter la preuve du lien entre le bien et l'infraction.

Donc le choix des autorités d'enquête et de poursuite dépendra des éléments du dossier qui auront été recueillis lors de la mise en état patrimoniale de l'affaire.

Mais une dépendance du choix du fondement aux éléments de l'enquête pourrait avoir une incidence fâcheuse. En effet elle pourrait pousser les enquêteurs à ne pas procéder à des investigations poussées dès lors que le bien sera susceptible d'être saisi sur le fondement de la saisie de patrimoine. À partir du moment où les conditions de peines (infractions punies d'une peine supérieure à 5 ans) ou de spécificité textuelle seraient remplies, pourquoi l'enquêteur chercherait-il des preuves supplémentaires alors même que le bien est confiscable ?

C'est pour cela que la circulaire du 22 décembre 2010 a prévu que les saisies de patrimoine n'avaient qu'un rôle subsidiaire, c'est-à-dire que celles-ci n'ont « vocation à s'appliquer que pour des éléments qui ne sont pas susceptibles d'être saisis ou confisqués sur un autre fondement[76] ».

Ainsi la circulaire pousse les autorités d'enquête et de poursuite à fonder la saisie sur un alinéa moins attentatoire que ceux relatifs à la saisie de patrimoine en mettant en avant les saisies de bien en lien avec l'infrac-

[76] Circ. du 22 décembre 2010 relative à la présentation des dispositions résultant de la loi n° 2010-768 du 9 juillet 2010 visant à faciliter la saisie et la confiscation en matière pénale. NOR : JUSD1033251C

tion. Ce lien permettant d'éviter toute atteinte « inutile » au droit de propriété.

Les enquêteurs doivent donc, en priorité, rechercher le lien que le bien a avec l'infraction afin de saisir celui-ci comme étant l'instrument ou le produit de l'infraction. En cas d'impossibilité d'établir ce lien il pourra être fait recours aux saisies de patrimoine si les conditions relatives à ces saisies le permettent.

Par conséquent le choix des autorités d'enquête et de poursuite n'est pas totalement libre, celui-ci étant dicté par les éléments matériels de l'enquête et des preuves.

Néanmoins un réel choix du fondement de la saisie pourra être opéré dans l'hypothèse où le bien incorporel à saisir est à la fois l'instrument et le produit de l'infraction. La saisie pourra être fondée sur l'alinéa 2 ou 3 de l'article 131-21 du Code pénal.

Il s'agit par exemple de blanchiment de stupéfiants, de l'investissement dans des jeux de hasard (comme le Loto) pour blanchir les fonds, les tickets de Loto « gagnants » sont les instruments et le produit de l'infraction de blanchiment.

Ou pour un exemple plus éloigné des biens incorporels, un véhicule terrestre à moteur servant à transporter des produits stupéfiants sera l'instrument de l'infraction. Mais si celui-ci a été acheté par le produit du trafic, alors il sera considéré comme le produit indirect de l'infraction. Donc les autorités d'enquête et de poursuite auront le choix entre fonder cette saisie sur l'alinéa 2 ou 3 de l'article 131-21 du Code Pénal (la saisie de patrimoine bien que possible dans pareille hypothèse est exclue au vu de son rôle subsidiaire).

§ 2. Un choix stratégique

Le choix du type de saisie est un choix stratégique. En effet, choisir le type de saisie à opérer n'est pas une simple opportunité de procédure mais constitue le préalable à une potentielle décision de confiscation.

Ainsi le choix de la saisie doit être fait dans l'objectif de confiscation du bien.

L'objectif des saisies spéciales est de « garantir l'exécution de la peine complémentaire de confiscation[77] ». Mais saisir ne signifie pas confisquer, ainsi tout juge n'ordonne pas forcément la confiscation d'un bien saisi. Cependant le choix du fondement de la saisie, par les enquêteurs, sert d'argument à la confiscation.

La pratique montre que les biens confisqués sont le plus souvent issus d'une saisie présentant un lien avec l'infraction[78]. De ce fait le choix du fondement par les enquêteurs doit aller dans ce sens afin de maximiser les chances de confiscation.

Ce choix stratégique, c'est-à-dire conduisant le plus probablement à une confiscation, étant dicté par la circulaire de 2010 dans le sens où cette dernière donne un rôle subsidiaire aux saisies de patrimoine, saisies dépourvues de lien avec l'infraction[79].

---

[77] Art. 706-141 CPP.

[78] Saisies opérées en vertu de l'art. 131-21 al. 2 et 3 CP.

[79] Circ. du 22 décembre 2010 relative à la présentation des dispositions résultant de la loi n° 2010-768 du 9 juillet 2010 visant à faciliter la saisie et la confiscation en matière pénale. NOR : JUSD1033251C

Établir le lien entre le bien saisi et l'infraction est d'autant plus important que ce lien est gage de confiscation. Les magistrats du siège sont plus enclins à prononcer la confiscation d'un bien saisi comme le produit ou l'instrument de l'infraction plutôt que de confisquer un bien issu d'une saisie de patrimoine. La confiscation du produit de l'infraction est en effet considérée comme évidente afin de ne pas laisser fructifier le crime en garantissant que « le crime ne paie pas[80] » ou en ne laissant pas se reproduire l'infraction. Elle est également considérée comme moins sévère et moins attentatoire qu'une saisie déconnectée de tout lien avec l'infraction.

Ainsi le choix du fondement de la saisie peut influencer sa potentielle confiscation et revêt donc un rôle stratégique.

Par ailleurs le choix du type de saisie revêt un caractère stratégique au regard de l'application de la loi dans le temps.

La saisie ne semble pas, au premier abord, concernée, car étant une mesure procédurale et non une peine, les dispositions qui lui sont appliquées sont d'application immédiate[81][82].

Cependant il convient d'être vigilant car la finalité d'une saisie est la confiscation. Et si les dispositions concernant les saisies sont d'applications immédiates, il n'en

[80] C. Cutajar, *Garantir que le crime ne paie pas*, Presses Universitaires de Strasbourg, Collections de l'Université de Strasbourg, 2010.
[81] Crim. 9 mai 2012, n° 11-85.522 : Bull. crim. n° 110.
[82] Art. 112-2, 2° CP.

est pas de même pour la confiscation. En effet l'article 112-1 alinéas 1 et 2 du Code pénal énonce le principe de non-rétroactivité de la loi pénale plus sévère : « Sont seuls punissables les faits constitutifs d'une infraction à la date à laquelle ils ont été commis. Peuvent seules être prononcées les peines légalement applicables à la même date. ». La confiscation étant une peine, il revient aux autorités d'enquête et de poursuite d'examiner si les faits poursuivis sont antérieurs ou postérieurs aux textes ayant modifié l'article 131-21 du Code pénal (ou les textes spécifiques[83]) afin de ne pas saisir ce qui ne peut être confisqué.

Par exemple, des faits antérieurs à l'entrée en vigueur de la loi du 27 mars 2012 ne peuvent pas donner lieu à des confiscations de patrimoine sur les biens dont la personne condamnée a la libre disposition (avant cette loi la confiscation ne pouvant porter que sur les biens dont la personne condamnée était propriétaire), alors même que la saisie dans une telle hypothèse est possible.

Donc une saisie peut toujours avoir lieu, mais les biens saisis postérieurement à l'entrée en vigueur d'une loi nouvelle plus sévère, pour des faits antérieurs à cette même loi, ne peuvent pas conduire à une confiscation en application de l'article 112-1 alinéas 1 et 2 du Code pénal.

Les enquêteurs et l'autorité de poursuite doivent donc être attentifs à l'application de la loi dans le temps afin que le bien valablement saisi puisse être légalement confisqué.

[83] V. Partie 1, Chapitre 1, Section 1, §2.

Le choix du type de fondement de la saisie présente également un intérêt stratégique concernant la saisie en valeur. Cet aspect se manifeste lors de saisies de biens qui nécessitent soit des contraintes procédurales importantes, comme pour les biens immobiliers, soit une nécessité d'entretien du bien saisi provoquant des frais de Justice importants, par exemple un navire.

La saisie en valeur permet de répercuter la valeur du bien à saisir sur un autre bien. Ainsi un bien immobilier pourra laisser la place à un compte bancaire.

L'avantage de cette saisie se manifeste à travers le coût de la saisie et aussi à travers la disponibilité immédiate des fonds. Des sommes saisies sur un compte bancaire présentent l'avantage de ne pas avoir à être aliénées par la Justice lorsque la décision de confiscation sera rendue et ne subiront pas de dépréciation. Il convient donc de toujours anticiper si la saisie n'est pas susceptible de coûter plus qu'elle ne rapportera. Dès lors la stratégie des autorités d'enquête et de poursuite consiste à établir un rapport coûts / avantages de la mesure, et de tenir compte des perspectives de valorisation du bien afin d'anticiper l'après confiscation.

De ce fait la saisie en valeur a un intérêt stratégique en ce qu'elle permet des économies sur le budget de la Justice mais en contrepartie le lien entre le bien et l'infraction disparaît, cela pouvant nuire au prononcé de la confiscation.

Cette possibilité de préférer une saisie en valeur semble, qui plus est, être un vœu législatif au regard de l'extension qu'a subi le champ d'application de cette saisie.

Néanmoins, même si la saisie peut à terme s'avérer coûteuse, le caractère coercitif et « punitif » de la mesure peut parfois primer sur l'approche purement financière, notamment lorsque le bien est le produit, l'objet ou l'instrument de l'infraction et qu'aucun autre élément du patrimoine ne peut être saisi.

Le choix du type de saisie a des incidences qui doivent être prises en considération.

L'hypothèse la plus classique est celle d'une infraction commise par une entreprise qui achète avec le fruit de son méfait des engins de production. Ces machines peuvent être saisies en vue de confiscation car étant le produit de l'infraction[84]. Cependant saisir ces machines provoquerait des effets indésirables pour cette entreprise, qui serait contrainte d'arrêter sa production pour une durée importante au vu des délais de jugements.

Dans cet esprit la saisie en valeur est une solution, aussi bien pour la personne poursuivie que pour les autorités d'enquête et de poursuite, en ce qu'elle permet à l'entreprise de poursuivre sa production et donc son activité économique légale et aux autorités d'opérer une saisie à hauteur du produit de l'infraction avec les avantages et inconvénients vus précédemment. Mais cette dernière hypothèse laisse plutôt la place aux saisies sans dépossession avec possibilité d'utilisation des biens saisis.

La saisie pénale des biens incorporels se fonde donc sur l'article 131-21 du code pénal relatif à la peine complémentaire de confiscation.

---

[84] Art. 131-21 al. 3 CP.

Cet article prévoit la possibilité de saisir des biens incorporels qui présentent un lien avec l'infraction commise. Mais il permet également la saisie de biens en l'absence de ce lien.

Dans tous les cas, le fondement de la saisie suppose d'être analysé afin qu'elle soit opérée dans un cadre défini.

Au-delà de l'étude des différentes possibilités de type de saisies qu'offre l'article 131-21 du code pénal, il convient d'analyser la saisie au regard de la qualité des personnes.

Chapitre 2. Une saisie relative en fonction de la qualité des personnes

La saisie pénale des biens incorporels, comme toute saisie pénale, se trouve être fonction de la qualité des personnes. En effet cette saisie, selon le choix de son fondement, atteint tantôt des personnes ayant un titre sur le bien, tantôt des personnes dépourvues d'un tel titre (Section 1).

Cette qualité des personnes a également des répercussions sur la saisie en la limitant dans certaines circonstances (Section 2).

Section 1. Une saisie dépendant du titre sur le bien

La saisie pénale des biens incorporels permet d'appréhender les biens en fonction de leur origine en vertu de l'article 131-21 du Code pénal. Cet article offre également la possibilité de saisir ces biens soit entre les mains du propriétaire du bien (§1), soit entre celles de la personne ayant la libre disposition de ce dernier (§2).

§ 1 : Le propriétaire du bien saisi

L'article 131-21 du Code pénal offre une pluralité de possibilités de saisies pénales des biens incorporels. Ces saisies se différencient compte tenu de l'origine du bien mais également au regard du titre de propriété, de la personne poursuivie, sur ce bien. En effet dans certains cas ce titre n'est pas nécessaire (A) alors que dans d'autres il est exigé (B).

A. **L'indifférence d'un titre de propriété**

Certaines saisies peuvent être opérées en l'absence de tout lien de propriété entre le bien saisi et la personne poursuivie, tel est le cas des saisies pénales des biens incorporels fondées sur l'article 131-21 alinéa 3.

En effet, en vertu de cet alinéa, la saisie n'a « rien de personnel ; elle affecte l'objet de la fraude, abstraction faite du propriétaire[85] ».

Cette solution explicite concerne les saisies fondées sur le produit de l'infraction, en n'exigeant aucunement la preuve d'un droit de propriété : « Elle porte également sur tous les biens qui sont l'objet ou le produit direct ou indirect de l'infraction[86] ». De ce fait, dans le silence de la loi, il n'est pas nécessaire d'établir ce lien, même si la démonstration de celui-ci ne pourra être que bénéfique pour peser dans la décision du juge et donc l'inciter à prononcer la confiscation du bien saisi.

Indifférence, qui ressort également d'une circulaire de 2010 estimant que « la saisie et la confiscation n'imposent pas que le bien saisi ou confisqué soit la propriété du

[85] Crim. 4 sept. 2012, n° 11-87.143, *Dr. Sociétés* 2013. Comm. 15, obs. Salomon.
[86] Art. 131-21 al. 3 CP.

prévenu ou condamné, dès lors qu'il constitue l'objet ou le produit direct ou indirect de l'infraction[87] ».

Ce choix de l'indifférence d'un titre de propriété du bien saisi, comme étant l'objet ou le produit de l'infraction, n'est autre qu'un moyen d'assurer que le crime ne paie pas.

Un exemple permet de mieux comprendre le sens de cette indifférence.

Un trafiquant de stupéfiants possède, par la vente de substances, des liquidités qui sont versées au crédit de comptes bancaires. Le criminel souhaitant ne pas voir le fruit de son travail saisi, décide, en toute bienveillance, de transférer ce produit indirect de l'infraction sur le compte bancaire d'un de ses amis, qui ignore tout de son activité.

Dès lors, si exigence de titre il y avait, il serait impossible pour les enquêteurs de saisir les sommes issues de ce trafic sur le compte bancaire de l'ami car il n'y aurait aucun moyen de prouver un lien de propriété entre les sommes et le trafiquant.

C'est pour cela que le législateur a permis la saisie de biens indépendamment de toute référence à la propriété en présence du produit de l'infraction. Ceci a pour fonction de suivre l'objet ou le produit de l'infraction peu importe les mains entre lesquelles il se situe. Il incombe

[87] Circ. 22 déc. 2010 n° CRIM-10-28-G3 22/12/2010, Présentation des dispositions résultant de la loi n° 2010-768 du 9 juillet 2010 visant à faciliter la saisie et la confiscation en matière pénale.

par contre à l'enquêteur ou au juge de démontrer le lien entre ces sommes et le trafiquant.

Il est à noter que si le produit de l'infraction se trouve entre les mains d'un tiers, la saisie de ce produit ne pourra pas être opérée par équivalence. L'article 131-21 alinéa 9 ne prévoyant pas la possibilité de procéder à une saisie en valeur sur un autre bien du tiers considéré. Par conséquent, à partir du moment où un tiers détient le produit de l'infraction, seul ce produit est susceptible d'être saisi. Ceci conforte l'idée que la saisie du produit de l'infraction n'a rien de personnel mais s'attache à l'objet de la fraude. De plus cette restriction à la saisie en valeur permet de préserver le droit de propriété des tiers en se focalisant uniquement sur l'objet ou le produit de l'infraction.

Ce principe de l'indifférence d'un titre de propriété a été affirmé par la Chambre criminelle[88] s'agissant de la saisie d'un immeuble appartenant à une société dont les personnes poursuivies avaient été successivement les gérants. La Haute Juridiction a énoncé que « la confiscation n'est pas limitée aux biens dont les personnes visées par l'enquête sont propriétaires, mais s'étend à tous les biens qui sont l'objet ou le produit direct ou indirect de l'infraction ».

Telle solution se transpose de la même façon aux biens incorporels en considérant que cette solution est attachée à l'alinéa 3 de l'article 121-21 CP et non à la par-

[88] Crim. 4 sept. 2012, n° 11-87.143.

ticularité des saisies immobilières. Solution confirmée récemment par la Cour de cassation[89].

Le choix du fondement de la saisie est donc affecté par l'indifférence du titre de propriété. En effet l'article 131-21 alinéa 3 CP est un moyen de saisir un bien lorsqu'il n'est pas possible d'établir un lien entre ce bien et la personne poursuivie.

Mais, en présence d'autres fondements, il sera nécessaire d'apporter la preuve de ce titre.

B. L'exigence d'un titre de propriété

Les saisies pénales de biens incorporels fondées sur l'article 131-21 alinéas 2, 5, 6 et 9 du CP[90] exigent l'existence d'un titre de propriété pour être mises en œuvre.

Cette exigence ressort de la lecture des dispositions concernées. En effet, ces trois alinéas énoncent que la saisie ne pourra s'effectuer que sur les biens dont la personne poursuivie est propriétaire.

Telle exigence n'est pas anodine en ce qui concerne les saisies de patrimoine (alinéas 5 et 6 art. 131-21 CP). L'étendue de ces saisies explique que le législateur impose une exigence d'un titre de propriété. En effet établir le lien de propriété entre le bien saisi et la personne poursuivie est un moyen de répondre au principe de proportionnalité qui exige qu'il ne soit pas porté atteinte au droit de propriété de tiers étrangers à l'infraction.

[89] Crim. 23 juill. 2014, n° 13-85.558.

[90] Al. 2 relatif à la saisie de l'instrument de l'infraction ; al. 5 et 6 relatifs aux saisies de patrimoine ; al. 9 pour la saisie en valeur.

Le législateur semble donc avoir voulu conditionner l'étendue de ces saisies élargies à l'exigence de la preuve d'un titre de propriété.

L'exigence d'un titre de propriété dans le cadre d'une saisie de l'instrument de l'infraction (art. 131-21 al. 2 CP) semble néanmoins plus contestable. En effet cette saisie n'a rien de disproportionné en ce qu'elle s'attache à l'objet « ayant servi à commettre l'infraction ». Exiger un titre de propriété pourrait donc restreindre les possibilités de saisie.

Par exemple des actions ayant servi à commettre un délit d'initié ne pourront être saisies en tant qu'instrument de l'infraction si ces dernières sont transférées dans le patrimoine d'un tiers de bonne foi, étranger à l'infraction, après la réalisation du délit.

La saisie ne suivant pas l'objet de la fraude mais étant personnelle, il sera impossible d'opérer la saisie entre les mains du tiers de bonne foi.

Cette limite est problématique car elle permet de faire échapper des biens à la saisie alors même que ceux-ci sont l'instrument de l'infraction et donc présentent un lien causal certain avec l'infraction.

Cependant telle hypothèse mérite d'être nuancée. L'instrument ne pourra, certes, pas être saisi mais une saisie en valeur pourra être opérée sur la contrepartie de la vente. En reprenant le précédent exemple, la saisie pourra par conséquent s'effectuer sur la somme correspondant au prix payé par le tiers de bonne foi, pour acquérir les actions.

Mais, il est fort à parier que ce transfert ne sera en réalité qu'un don déguisé, de sorte qu'il n'y aura pas de réelle contrepartie ou tout du moins pas d'équivalence. De ce fait le bien instrument de l'infraction échappera totalement à la saisie, la saisie en valeur étant inopérante car il n'y aura pas de contrepartie.

C'est pour cela que les enquêteurs disposent de la possibilité de saisir l'instrument en faisant fi de l'exigence d'un titre de propriété lorsque le bien n'aura pas fait l'objet d'une contrepartie équivalente, ou d'un transfert équitable. En telle hypothèse il sera considéré que le tiers acquéreur est de mauvaise foi et que de ce fait le bien instrument de l'infraction pourra être saisi entre ses mains.

Par ailleurs si un tiers intervient, mais cette fois avec la connaissance de l'infraction, qu'il accepte le transfert dans son patrimoine du bien instrument de l'infraction, celui-ci pourra être poursuivi pour recel[91] c'est-à-dire le fait de dissimuler, de détenir ou de transmettre une chose en sachant que celle-ci provient d'un crime ou d'un délit, ou blanchiment[92] défini comme le fait de faciliter, par tout moyen, la justification mensongère de l'origine des biens ou des revenus de l'auteur d'un crime ou d'un délit ayant procuré à celui-ci un profit direct ou indirect. Ces infractions étant punies d'une peine de cinq ans d'emprisonnement, le tiers sera susceptible de voir son patrimoine saisi en application de l'article 131-21 alinéa 5 ou 6 du CP.

---

[91] Art. 321-1 CP.
[92] Art. 324-1 CP.

Dès lors plus aucun problème ne se pose quant à la saisie du bien instrument de l'infraction car l'assiette de la saisie recouvrira le patrimoine du « nouveau propriétaire » du bien instrument de l'infraction.

Cette solution est un moyen de surmonter l'exigence d'un titre de propriété dans le cadre d'une saisie de l'instrument de l'infraction. Elle aura la même fonction dans l'hypothèse de saisies de patrimoine.

Ainsi, il apparaît une exigence d'un titre de propriété pour les saisies fondées sur l'article 131-21 alinéas 2, 5, 6 et 9 CP mais cette obligation probatoire disparaitra en cas de tentative de soustraction ou de dissimulation du bien à la saisie.

Mais la saisie pénale des biens incorporels pourra également s'exécuter entre les mains du détenteur du bien saisi.

§ 2. Le détenteur du bien saisi

Une saisie pénale pourra s'opérer entre les mains de la personne ayant la libre disposition du bien. Cette évolution législative a permis aux autorités d'enquête et de poursuite de dépasser l'apparence juridique afin d'appréhender le propriétaire économique réel du bien (A). Dès lors la libre disposition a été entendue économiquement par la Cour de cassation afin de répondre aux attentes législatives (B).

A. Dépasser l'apparence juridique

Les délinquants ont su dès l'apparition de la peine complémentaire de confiscation, « exploiter les ressources de l'ingénierie juridique pour entraver les investigations et camoufler les biens dont ils usent librement[93] ».

En effet très tôt les délinquants ont compris que la confiscation, et donc la saisie, était liée à l'exigence d'un titre de propriété[94] et qu'en l'absence d'un tel titre, le bien était, en principe, « inconfiscable » et par conséquent insaisissable.

Il leur suffisait, par exemple, de créer une personne morale fictive, lui transférer la propriété des biens pour que ceux-ci se trouvent à l'abri de toute peine complémentaire ou tout simplement de mettre le bien au nom d'une autre personne que le poursuivi.

Afin de contourner la rigidité de l'article 131-21 CP (sous l'égide de la loi du 9 juillet 2010) la doctrine a proposé de recourir à la notion « d'ayant droit économique » ou de « bénéficiaire effectif[95] » pour appréhender la réalité juridique derrière des montages destinés à faire échec à la saisie.

---

[93] E. Camous, « Fasc. 20 : Des saisies pénales spéciales - Régime général, » *JCl. Procédure pénale* 2014, 19.

[94] V. exception ci-dessus.

[95] J.-H. Robert, « Une importante réforme de la procédure pénale inachevée - à propos de la loi du 9 juillet 2010 », *JCP G* 2010, p. 1067.

Ces expressions trouvent leur sens dans l'article L. 562-1 CMF[96] en ce qui concerne le gel des avoirs dans le cadre de la lutte contre le financement du terrorisme. Elles permettent d'appréhender les biens d'une personne qui en a le contrôle ou qui en tire bénéfice mais qui n'en est pas propriétaire.

La Chambre criminelle refusa de s'inspirer de l'appréciation économique dans un arrêt du 26 mai 2010 en censurant la chambre de l'instruction de la Cour d'appel de Douai[97] qui avait autorisé l'inscription d'une hypothèque sur un immeuble en relevant que le mis en examen avait la qualité de bénéficiaire économique de l'activité de la personne morale propriétaire du bien en cause[98].

Elle cassa cet arrêt, au motif que, les mesures conservatoires prévues par l'article 706-103 CPP ne pouvaient, à ce moment, porter que sur les biens dont la personne mise en examen était propriétaire.

À la suite de l'apparition des saisies spéciales, les praticiens ont craint de voir pareille solution leur être

---

96 « Le ministre chargé de l'économie et le ministre de l'intérieur peuvent, conjointement, décider le gel, pour une durée de six mois, renouvelable, de tout ou partie des fonds, instruments financiers et ressources économiques détenus auprès des organismes et personnes mentionnés à l'article L. 562-3 CMF qui appartiennent à des personnes physiques ou morales qui commettent, ou tentent de commettre, des actes de terrorisme ».

97 Douai, 1er déc. 2009, n° 2212.

98 Crim. 26 mai 2010, n° 10-81.163 : JurisData n° 2010-010572 ; *D.* 2010, p. 1792, note L. Priou-Alibert.

opposée malgré la justification plus que suffisante de leur raisonnement.

La Haute juridiction ne voulant donc pas s'engager dans une extension de la saisie au bénéficiaire économique en faisant fi de l'intention du législateur, qui avait pour objectif de ne pas laisser le crime payer.

Le législateur est donc intervenu avec la loi du 27 mars 2012[99] afin d'étendre le champ d'application des saisies de patrimoine aux biens dont la personne poursuivie a la « libre disposition », cette modification attendue des praticiens n'étant en aucun cas une innovation. Le législateur permettait déjà cette possibilité concernant l'article 131-21 alinéa 2 (alinéa relatif à la saisie du bien instrument de l'infraction).

Ainsi la saisie de l'instrument de l'infraction pouvait déjà s'opérer en considérant la personne poursuivie comme le détenteur du bien alors que cette possibilité n'était pas permise avant 2012 dans le cadre de saisie de patrimoine (article 131-21 alinéas 5 et 6) concernant des infractions *a priori* plus graves.

Cette modification substantielle est due à Monsieur Jean-Luc Warsmann, qui dans un amendement (amendement n° CL 157) pointa du doigt « le recours à des prête-noms ou à des structures sociales, pratique qui permet au condamné de ne pas apparaître comme étant juridiquement propriétaire de biens dont il a la libre disposition et dont il est le propriétaire économique réel ».

---

[99] L. n° 2012-409 du 27 mars 2012, art. 17-I.

Le législateur suivit par conséquent le constat des praticiens qui déploraient l'insaisissabilité des biens faisant l'objet de montage juridique[100].

Cette libre disposition du bien peut se prouver par des constatations d'acte de gestion de droit ou de fait d'une personne morale à des fins personnelles, par le financement du bien, par la mise à disposition du bien sans contrepartie, etc.

Cette modification de la loi du 27 mars 2012 a entraîné des pourvois en cassation qui ont conduit la chambre criminelle à se prononcer sur l'application dans le temps de la libre disposition concernant les saisies de patrimoine.

Dans six arrêts du 9 mai 2012[101] la Chambre criminelle s'est prononcée en faveur de l'application immédiate des dispositions de la loi du 27 mars 2012 et donc de la libre disposition.

Dans ces affaires, un juge d'instruction a, en application de l'article 706-148 du CPP, ordonné la saisie conservatoire d'un bien immobilier appartenant à une Société Civile Immobilière dont toutes les parts étaient détenues par des membres de la famille de M. X, mis en examen du chef de blanchiment en bande organisée et d'escroqueries aggravées, au motif que ce dernier était le véritable dirigeant de la société au sens du texte.

---

[100] Circ. du 16 juillet 2012 de présentation des dispositions relatives à l'exécution des peines de confiscation de la loi n° 2012-409 du 27 mars 2012 – NOR : JUS D 1229412 C

[101] Crim. 9 mai 2012, n° 11-85.522, 11-85.523, 11-85.524, 11-85.525, 11-85.526, 11-85.527 : Bull. crim. n° 110.

Les sociétés civiles immobilières et le mis en examen avaient interjeté appel de ces décisions, la chambre de l'instruction de la cour d'appel de Paris les infirmant dans des arrêts en date du 23 juin 2011. Cette juridiction avait en effet considéré que le mis en examen ne détenait aucune part dans les sociétés en question et que les biens saisis étaient la propriété de ces personnes morales qui disposaient d'un patrimoine propre.

Il était donc juridiquement impossible d'aller au-delà des apparences juridiques de la propriété des biens.

Tout en reconnaissant que la chambre d'instruction n'encourait aucune censure d'avoir statué comme elle l'avait fait au jour de ses décisions, les saisies de patrimoine contestées ne pouvant alors s'effectuer que sur les seuls biens appartenant au mis en examen, la chambre criminelle s'est en revanche fondée sur l'article 112-2-2° du CP et les principes relatifs à l'application dans le temps des lois relatives aux formes de la procédure pour considérer que les arrêts attaqués devaient être annulés afin qu'il soit prononcé, au vu des dispositions de procédure précitées de la loi du 27 mars 2012, la saisie du bien immobilier.

Cette solution fortement critiquée par la doctrine étant donné le « lien d'indivisibilité extrêmement fort » entre saisie et confiscation[102] ou encore le fait que l'une est « non détachable » de l'autre[103] semble devoir être nuancée en ce que ces arrêts affirment l'application im-

[102] C. Cutajar, Saisie pénale et « libre disposition », *D.* 2012, p. 1652.
[103] Crim. 9 mai 2012, n° 11-85.522 à 527, Procédures 2012. Comm. 231, obs. Chavent-Leclere.

médiate des dispositions de la loi du 27 mars 2012 concernant les saisies et en aucun cas ils n'admettent cette même applicabilité pour la confiscation.

Il apparaît donc que la Cour de cassation n'a fait qu'appliquer les règles régissant le Droit pénal sans tenir compte des difficultés de sa prise de position.

Il ressort donc de ces arrêts une saisie possible malgré l'antériorité des faits à l'entrée en vigueur de la loi de 2012, mais une incertitude quant à la possibilité offerte aux juges de confisquer un bien saisi comme étant à la libre disposition de la personne condamnée car la confiscation étant une peine, en l'espèce plus sévère, elle ne devrait pas être rétroactive.

La loi du 27 mars 2012 a donc permis de dépasser l'apparence juridique pour atteindre le propriétaire réel du bien. Ainsi le législateur calque le champ d'application de la saisie de l'instrument de l'infraction sur les saisies de patrimoine.

Il aura donc fallu attendre cinq ans[104] pour voir apparaître la notion de libre disposition dans le cadre de saisies élargies.

La loi du 6 décembre 2013[105] a plus récemment ajouté, à l'article 131-21 alinéa 9 du Code pénal, la possibilité d'effectuer une saisie en valeur sur les biens dont la personne poursuivie a la libre disposition.

---

[104] La libre disposition est prévue depuis le 5 mars 2007 pour l'instrument de l'infraction : L. n° 2007-297 du 5 mars 2007.

[105] L. n° 2013-1117 relative à la lutte contre la fraude fiscale et la grande délinquance économique et financière.

B. Une compréhension économique de la libre disposition

La libre disposition signifie dans son acception juridique « une opération grave qui entame ou engage un patrimoine, pour le présent ou l'avenir, dans ses capitaux ou sa substance, et dont la vente d'immeuble constitue l'archétype[106] ».

Comprendre ainsi cette notion, dans le cadre de saisie pénale, ne serait pas conforme à l'intention du législateur qui est de saisir la réalité économique derrière l'apparence juridique.

Dès lors la Cour de cassation a entendu dans trois arrêts de 2013 et 2014 la libre disposition dans une « compréhension économique[107] ».

Le premier en date du 23 mai 2013[108] était relatif à une saisie d'un bien appartenant à une société civile immobilière dont 99,5% des parts étaient détenues par les personnes mises en examen.

La Chambre criminelle valida sur le fondement de l'article 706-148 CPP la saisie au motif que « les héritiers indivisaires susceptibles d'être mis en examen du chef de blanchiment, qui détiennent 99,5% des parts de la société civile immobilière, ont le pouvoir de décider de l'affectation de l'actif net social résultant de la vente de l'immeuble de cette société, de sorte qu'ils ont la libre

[106] G. Cornu, Vocabulaire juridique, PUF, 9e éd., 2002, V. « Disposition, sens 2, acte de ».
[107] L. Ascensi, Saisies spéciales, Rép. pén. septembre 2014.
[108] Crim. 23 mai 2013, n° 12-87.473.

disposition de cet élément d'actif, au sens des articles susvisés, dans leur rédaction issue de la loi du 27 mars 2012 ».

Par suite, dans deux arrêts du 29 janvier 2014[109] la Cour de cassation a confirmé sa jurisprudence de 2013.

Il s'agissait d'une même affaire dans laquelle un couple était mis en cause des chefs de non-justification de ressources, infractions à la législation sur les stupéfiants et les armes, recel, faux et usage.

Le premier arrêt concernait la saisie d'un immeuble appartenant à une société civile immobilière dont les époux étaient les uniques porteurs de parts de sorte qu'ils avaient la libre disposition de cet immeuble.

Le deuxième arrêt portait sur la saisie d'un fonds de commerce exploité par une société dont l'épouse était porteuse de parts unique, de sorte que les deux mis en cause en avaient également la libre disposition.

La Haute juridiction continuant dans cette voie à travers deux arrêts récents approuvant la saisie d'un immeuble[110] et de créances de dividendes[111] à la libre disposition du mis en examen.

Il ressort de ces arrêts une définition concrète de la libre disposition comme étant la possibilité de disposer du bien, de pouvoir décider de l'affectation de ce dernier.

109 Crim. 29 janv. 2014, n° 13-80.062 et 13-80.063.
110 Crim. 19 nov. 2014, n° 13-88.332.
111 Crim. 25 févr. 2015, n° 13-81.946.

Cette libre disposition s'entend dans une acception économique car permettant la saisie des biens du « propriétaire économique réel[112] ».

Ces arrêts mettent en exergue l'autonomie du droit pénal concernant la notion de libre disposition. En effet en décidant que la libre disposition s'entend de la personne pouvant décider de l'affectation du bien, la Cour de cassation semble vouloir aller plus loin que de débusquer le propriétaire réel derrière l'écran de la personnalité morale. La Chambre criminelle semble bel et bien vouloir nier l'existence même de cet écran en considérant que ce pouvoir d'affectation du fait de la détention d'une majorité des parts entraîne la libre disposition des biens.

Dès lors il est possible de faire un parallèle entre cette définition de la libre disposition et celle de bénéficiaire effectif défini à l'article L. 561-2-2 CMF. Cet article définit le bénéficiaire effectif comme « la personne physique qui contrôle, directement ou indirectement, le client ou de celle pour laquelle une transaction est exécutée ou une activité réalisée ».

Cependant la Chambre criminelle n'a eu, jusqu'à présent, à se prononcer que dans des hypothèses où une quasi-totalité des parts étaient détenues par les personnes mises en causes.

Mais s'il s'agit d'appréhender les bénéficiaires réels, tout laisse à penser que la Chambre criminelle ne can-

[112] Rapport J.-P. Garraud sur la proposition de loi n° 4001 de programmation relatif à l'exécution des peines.

tonnera pas pareille saisie à l'unique détention d'une quasi-totalité de parts.

Néanmoins, si la Cour de cassation n'exige pas cette quasi-totalité, elle doit, par contre, prendre en compte sa définition de la libre disposition qui suppose la possibilité de décider de l'affectation du bien.

Détenir pareil pouvoir suppose la détention d'une part significative de capital ou de droits de vote afin que la personne poursuivie puisse réellement décider de l'affectation du bien.

Par conséquent cette saisie des biens dont la personne poursuivie à la libre disposition ne semble pas être applicable en toutes circonstances.

Les similitudes entre la définition de la libre disposition et celle du bénéficiaire effectif peuvent permettre d'anticiper un « seuil de détention » à partir duquel le détenteur est en mesure de décider de l'affectation du bien. En effet, les articles R. 561-1 et R. 561-2 CMF entendent par bénéficiaire effectif la personne physique qui détient directement ou indirectement plus de 25% du capital ou des droits de vote de la société, des parts ou actions de l'organisme ou exerce par tout moyen un pouvoir de contrôle sur les organes de gestion, d'administration ou de direction de la société ou de l'organisme.

Ainsi majorité, unanimité et quasi-totalité pourraient être relégués au second plan en considérant seulement le pouvoir de décider de l'affectation du bien pour savoir si le bien peut être saisi car étant à la libre disposition de la personne poursuivie.

La libre disposition constitue également un moyen de contrecarrer « l'angle mort » que constituait la fiducie en matière de saisie pénale[113].

Définie à l'article 2011 du Code Civil « la fiducie est l'opération par laquelle un ou plusieurs constituants transfèrent des biens, des droits ou des sûretés, ou un ensemble de biens, de droits ou de sûretés, présents ou futurs, à un ou plusieurs fiduciaires qui, les tenant séparés de leur patrimoine propre, agissent dans un but déterminé au profit d'un ou plusieurs bénéficiaires ».

Ce mécanisme juridique d'inspiration anglo-saxonne offre une possibilité « légale » aux délinquants de se séparer juridiquement d'une partie de leurs biens afin de les faire échapper à toute saisie[114]. Il s'agira par exemple pour un délinquant de donner à gérer à un fiduciaire un portefeuille d'actions.

Cependant la nouvelle possibilité de confisquer et donc de saisir les biens dont la personne mise en cause a la libre disposition permet de dépasser cet obstacle. Néanmoins une telle saisie ne sera possible que s'il est démontré que la personne poursuivie a conservé la libre disposition de ses biens.

De plus la création du Registre national des fiducies, institué par décret en 2010[115], a permis une meilleure tra-

[113] J.-H. Robert, Une importante réforme de la procédure pénale inachevée - à propos de la loi du 9 juillet 2010, JCP G 2010, p. 1067.
[114] R. Ollard, La fiducie : aspect de droit pénal : RSC 2009, p. 545.
[115] Décret n° 2010-219 du 2 mars 2010 relatif au traitement automatisé de données à caractère personnel dénommé « Registre national des fiducies ».

çabilité de l'argent grâce à des obligations de déclaration comme l'identité des parties au contrat de fiducie, la date de l'enregistrement auprès des services fiscaux, etc.

Ainsi la Cour de cassation privilégie une approche pragmatique en ayant une interprétation économique de la libre disposition du bien dont jouit la personne poursuivie. Cette compréhension permet de passer outre, voire de nier, l'écran juridique constitué par la personnalité morale de la société propriétaire du bien.

Mais la saisie pénale des biens incorporels ne semble être que relative dans certains cas.

Section 2. Une saisie potentiellement limitée

La saisie pénale des biens incorporels se distingue de la confiscation en ce qu'elle n'est que conservatoire. Cette qualité l'expose à des limites au regard du respect des principes de nécessité et de proportionnalité (§1). De plus la saisie pourra être limitée par l'intervention de tiers au cours de la procédure (§2).

§ 1. Par les principes de nécessité et de proportionnalité

L'article 8 de la Déclaration des Droits de l'Homme et du Citoyen énonce que la loi ne doit établir que des peines strictement et évidemment nécessaires. Il découle de cette affirmation une exigence de proportionnalité entre la gravité de l'infraction et la sévérité de la peine encourue[116].

Dès lors il convient d'analyser en quelles circonstances la saisie pénale de biens incorporels sera nécessaire (A) et proportionnelle (B).

A. La nécessité de la saisie

Le Conseil Constitutionnel a considéré dans une décision du 26 novembre 2010[117] que la peine complémentaire de confiscation respectait le principe de nécessité de la peine.

Cependant affirmer que la confiscation respecte ce principe ne signifie pas que toute saisie soit toujours nécessaire. En effet la nécessité de la saisie pourra être fonction du lien entre la personne poursuivie et le bien, et donc de la qualité de la personne.

Il paraît nécessaire de saisir tout bien appartenant à la personne poursuivie c'est-à-dire tout bien sur lequel cette personne détient un titre de propriété. En effet un tel bien ne sera, en principe, pas susceptible de revendication de la part de tiers du fait de ce titre. Dès lors la personne poursuivie pourra dissiper ce bien en toute discrétion et sans que les enquêteurs ne le sachent. Alors que si la personne poursuivie n'est que détentrice de ce bien, c'est-à-dire en a seulement la libre disposition, la saisie ne sera pas impérative en considérant la possibilité offerte au tiers propriétaire de revendiquer le bien. Telle

---

[116] Art. 9 DDHC.

[117] Cons. Const., 26 nov. 2010, n° 2010-66 QPC.

revendication, sous certaines conditions, sera susceptible d'interrompre toute saisie. Par conséquent, opérer une saisie en pareille situation ne paraît pas nécessaire.

Cependant faire dépendre la nécessité de la saisie au lien unissant la personne poursuivie et le bien ne semble guère satisfaisant. En effet, même si la personne poursuivie n'est pas propriétaire du bien, il pourra s'agir d'un bien produit de l'infraction. Dès lors la saisie sera nécessaire en vue de garantir l'objectif législatif qui est de « garantir que le crime ne paie pas ».

Par conséquent il semble plus pertinent d'analyser la nécessité de la saisie au regard du lien existant entre le bien et l'infraction.

Saisir le bien en lien direct ou indirect avec l'infraction semble être une nécessité absolue. Ainsi il est impératif de saisir l'instrument ou le produit de l'infraction, c'est-à-dire lorsque la saisie est fondée sur l'article 131-21 alinéas 2 ou 3 du CP, car ceux-ci pourront avoir un aspect probatoire.

De la même façon, une saisie opérée sur le fondement des alinéas 5 ou 6 de l'article 131-21 CP est absolument nécessaire dès qu'il est établi un lien entre le bien et l'infraction.

Cette nécessité absolue est due à l'intention du législateur de ne pas laisser « payer le crime ». Ainsi, pour atteindre cet objectif, il convient de saisir impérativement tout bien qui présente un lien avec l'infraction commise ou tentée.

Mais cette nécessité revêt également un enjeu social. En effet, ne pas saisir un bien en lien avec l'infraction pourrait sembler incompréhensible pour tout honnête citoyen. Il s'agirait par conséquent de ne pas saisir le produit de l'infraction de la personne poursuivie et lui laisser jouir du bénéfice de son méfait jusqu'à ce que confiscation soit prononcée, et ce en espérant que ce dernier ne dissipe pas le fruit de sa besogne.

En ne saisissant pas, l'autorité d'enquête et de poursuite laisse le temps à la personne poursuivie d'organiser son insolvabilité et de dissiper les biens en lien avec l'infraction. De ce fait la confiscation pourra ne pas être prononcée faute de bien saisi. Telle hypothèse n'est pas concevable en considérant le rôle dissuasif et donc préventif que revêt la confiscation.

L'instrument de l'infraction, qui présente un lien causal avec l'infraction, nécessite absolument d'être saisi car au-delà de la sanction pécuniaire que constitue une saisie pénale, celle-ci revêt également un intérêt probatoire. En effet des actions servant à réaliser un délit d'initié devront absolument être saisies car celles-ci serviront dans un premier temps de preuves matérielles et permettront par la suite de ne pas laisser loisir à cette personne de recommencer pareille infraction.

Il apparaît donc que, dès lors qu'est établi un lien entre le bien et l'infraction, la saisie est absolument nécessaire à titre préventif, pour empêcher la réitération d'acte en attendant la confiscation, mais également pour assurer l'effectivité de la peine de confiscation. En effet tout délinquant a connaissance de la forte probabilité de voir confisquer le produit de l'infraction, ne pas saisir tel produit est une occasion pour le délinquant de le dissiper.

Cependant la nécessité de saisir peut ne revêtir qu'un aspect relatif quand le bien ne présente aucun lien avec l'infraction. Cette hypothèse se manifeste en présence de saisie de patrimoine (article 131-21 alinéa 6 CP) et de saisie en valeur (article 131-21 alinéa 9 CP).

Lorsqu'aucun lien n'est établi entre le bien et l'infraction la saisie n'est pas d'une nécessité absolue car le bien ne provient pas de l'infraction commise.

Néanmoins cette nécessité relative est à nuancer en considérant l'intention de la personne poursuivie de dissiper son patrimoine ou d'organiser son insolvabilité. Dans une telle situation il deviendrait absolument nécessaire d'opérer la saisie afin de permettre aux juges du fond de prononcer la peine complémentaire de confiscation.

Ainsi il apparaît que la saisie est nécessaire à la représentation des biens au moment du prononcé de la confiscation. Le doute quant à cette représentation conduisant à la nécessité de la saisie.

Il est à préciser que la saisie n'a qu'un rôle conservatoire. Ce caractère temporaire a pour conséquence de négliger le principe de nécessité afin de garantir l'effectivité de la peine de confiscation.

La proportionnalité étant le corollaire de la nécessité, il convient d'analyser dans quels cas ce principe limitera la saisie pénale de biens incorporels.

B. La proportionnalité de la saisie

Le Conseil Constitutionnel a également considéré que les confiscations respectaient le principe de proportionnalité[118].

Il apparaît que ce principe est respecté dans le cadre des saisies pénales des biens incorporels en considérant l'arrêt de la Chambre criminelle de la Cour de cassation du 5 février 2013[119]. Dans cet arrêt la Haute juridiction refusa de transmettre une QPC au Conseil constitutionnel en considérant que les saisies spéciales respectaient le principe de proportionnalité des sanctions à la gravité des infractions garantie par l'article 9 de la Déclaration des droits de l'homme et du citoyen.

Cependant, il convient de revenir sur les différents fondements des saisies pour analyser comment se manifeste cette proportionnalité.

Une proportionnalité de fait semble faire surface en présence d'une saisie pénale de biens incorporels de l'instrument, de l'objet ou du produit de l'infraction. La proportionnalité ne semble pas être remise en cause en considérant que celle-ci s'attachera directement à l'objet ou le fruit de l'infraction.

En effet la saisie du produit d'une infraction sera nécessairement proportionnée étant donné que la saisie sera fonction directe du revenu du crime. Telle sera l'hypo-

[118] Cons. Const., 26 nov. 2010, n° 2010-66 QPC.
[119] Crim. 5 févr. 2013, n° 12-90.069.

thèse de la saisie d'actions comme étant l'instrument d'un délit d'initié[120].

Cependant certaines hypothèses concernant les biens meubles corporels laissent à penser qu'il peut y avoir disproportion alors même que la saisie s'opérera sur ses fondements faisant lien entre bien et infraction.

Il s'agit par exemple des saisies effectuées sur le fondement de l'article R. 413-14-1 du Code de la route relatif aux contraventions de grand excès de vitesse (vitesse dépassant de 50km/h ou plus la vitesse maximale autorisée). Dans cette hypothèse le véhicule, instrument de l'infraction, sera susceptible de confiscation et donc de saisie pénale. Il apparaît dès lors une réelle disproportion entre l'infraction réalisée : une infraction routière, et la saisie effectuée qui pourra se réaliser sur un véhicule terrestre à moteur de plusieurs milliers d'euros.

Néanmoins le problème ne semble pas se poser en présence de biens incorporels. Ces biens ont la particularité d'être le plus souvent saisis comme étant le produit de l'infraction. Une saisie opérée sur un tel fondement sera nécessairement proportionnée car elle se basera sur la production même de l'infraction.

Dès lors, il convient d'être certain quant au respect de la proportionnalité lorsque la saisie pénale de biens incorporels est fondée sur l'article 131-21 alinéa 3 CP (produit de l'infraction) et plus attentif sur cette proportionnalité en ce qui concerne l'instrument de l'infraction (article 131-21 alinéa 2 CP). Cependant cette nuance ne

[120] Art. L. 465-1 CMF.

doit pas être exagérée au regard de l'inexistence actuelle d'hypothèse prouvant la disproportion et du peu d'utilisation de ce fondement en présence de biens incorporels.

Par ailleurs une proportionnalité à géométrie variable apparaît lors de saisies de patrimoine.

En effet cette saisie exonère les enquêteurs d'établir la preuve d'un lien entre le bien saisi et l'infraction. Dès lors il pourra être saisi, dans ce cadre, des biens qui n'ont rien à voir avec l'infraction mais surtout d'un montant disproportionné.

Telle hypothèse se manifeste, par exemple, en présence d'une infraction de proxénétisme[121]. Ce délit puni d'une peine de 7 ans d'emprisonnement permet de recourir à une saisie de patrimoine fondée sur l'article 131-21 alinéa 6 CP en vertu de l'article 225-25 du CP.

Ainsi en plus du produit de l'infraction, il pourra être saisi par exemple un fonds de commerce, des parts sociales, des comptes bancaires, etc. appartenant au délinquant.

Par conséquent il pourra y avoir une réelle disproportion entre le préjudice causé par l'infraction et la valeur des biens saisis.

Pour qualifier telle hypothèse de disproportionnée, encore faut-il savoir sur quoi se fonde la proportionnalité.

Si ce principe est fonction du préjudice de l'infraction alors il reviendra à l'autorité d'enquête et de poursuite

---

[121] Art. 225-5 CP.

d'évaluer ce préjudice et saisir en conséquence de ce dernier.

Par exemple dans le cadre d'une escroquerie, il devra être calculé le préjudice subi par la victime, et procéder à une saisie à hauteur de celui-ci.

Cependant, dans certaines hypothèses, l'infraction ne provoquera aucun préjudice et il n'y aura aucune victime. Par exemple, en présence d'un trafic de stupéfiants. En effet les stupéfiants n'engendrent, en principe, aucune victime et, étant des produits illégaux, ceux-ci ne sont pas dotés de valeur légale.

Ainsi il sera impossible d'établir le préjudice de l'infraction et donc d'opérer une saisie proportionnée.

Néanmoins la jurisprudence douanière a très tôt envisagé cette possibilité. En présence d'un cas similaire le droit douanier permet d'édicter des amendes proportionnelles qui ne sont pas liées à la perception d'un droit de douane éludé mais qui sont déterminées en fonction de la valeur attribuée à ces stupéfiants sur les marchés clandestins dont ils font l'objet[122].

Par ailleurs l'Office Central pour la Répression du Trafic Illicite des Stupéfiants (OCRTIS) fixe chaque année la valeur des stupéfiants, ce qui permet de procéder à des saisies proportionnées.

Néanmoins la Haute juridiction ne semble pas avoir voulu subordonner saisie et confiscation au préjudice lié à l'infraction. En effet dans ses arrêts relatifs à la propor-

122 Crim. 7 avr. 1986, n° 85-91.840 : Bull. crim. n° 114, p. 295.

tionnalité de la saisie, la Chambre criminelle énonce que ce principe est fonction de la gravité de l'infraction reprochée et de l'amende encourue[123].

Dès lors saisie et confiscation, pour être proportionnelles, devront tenir compte de ces deux éléments.

Par exemple, en présence d'une escroquerie, la saisie pourra s'opérer, en vertu de cette jurisprudence, à hauteur de 375 000 euros soit le montant de l'amende encourue, auquel s'ajoutera la saisie de l'instrument, de l'objet ou du produit de l'infraction afin de garantir que le crime ne paie pas et ne se réitère pas.

Cette solution rendue au visa de l'ancien article 706-103 CPP semble encore en vigueur en considérant l'absence de revirement de la Chambre criminelle malgré un contentieux relativement nourri concernant les saisies et confiscations de patrimoines.

La violation des dispositions conventionnelles garantissant le droit de propriété et le respect de la vie familiale sont souvent invoqués au motif du caractère disproportionné de la saisie.

Cependant, très tôt la Cour de cassation a validé la conformité de la confiscation générale au droit conventionnel.

En effet dans un arrêt du 3 novembre 2011[124] la Chambre criminelle considéra comme conforme à la Convention Européenne des Droits de l'Homme et à la

[123] Pour exemple : Crim. 15 mars 2011, n° 10-80181.
[124] Crim. 3 nov. 2011, n°10-87811.

Convention Internationale des Droits de l'Enfant, garantissant le respect de la propriété et le respect de la vie familiale, la confiscation générale. Cette espèce revêt un aspect plus que significatif car il s'agissait d'une confiscation de l'entier patrimoine du condamné pour infraction à la législation sur les stupéfiants. Le prévenu s'est vu saisir puis confisquer l'intégralité de ses biens sans qu'il soit considéré une disproportion entre la confiscation et le préjudice de l'infraction.

La Haute juridiction confirmant sa jurisprudence dans deux arrêts de 2014 relatifs à des infractions de proxénétisme aggravé et de trafic de stupéfiant[125] en énonçant qu'il n'y avait pas de violation des articles 6§2 de la Convention européenne des droits de l'Homme et 1er du protocole additionnel à celle-ci relatif à la protection de la propriété.

Enfin la proportionnalité de la saisie suppose aussi de laisser à la personne poursuivie un « minimum vital » afin que ce dernier subvienne à ses besoins. Cependant la loi n'a pas prévu de quote-part insaisissable. Telle hypothèse ne trouve à s'appliquer compte tenu de l'enjeu : « garantir que le crime ne paie pas ». Ainsi la préservation de l'intérêt général et la volonté de garantir l'effectivité de la peine complémentaire de confiscation semble l'emporter sur un principe fondamental des procédures civiles d'exécution.

La proportionnalité ne semble pas entièrement respectée au stade des saisies pénales. En effet, les

[125] Crim. 3 sept. 2014, n° 13-83760 et Crim. 24 sept. 2014, n° 13-85.921.

enquêteurs ont pour objectif de fournir au juge l'éventail le plus large possible de biens susceptibles d'être confisqués afin de maximiser les chances de confiscation. Ainsi l'assiette la plus large possible permet au juge d'avoir le choix du ou des biens qu'il confisquera.

De plus, la saisie pénale est une mesure conservatoire, cela suppose qu'elle n'a pas vocation à durer dans le temps.

Par conséquent un réel contrôle de proportionnalité s'effectuera par les juges au moment du prononcé de la confiscation. Celui-ci opérera un « tri » entre les biens en étant le garant des droits de la personne condamnée.

La saisie pénale des biens incorporels est également susceptible d'être limitée par les droits des tiers.

§ 2. Par les droits des tiers

La saisie peut être limitée par les droits des tiers. Ceux-ci, complètement extérieurs à l'infraction, ont un statut différent de la victime. En effet cette dernière, tout comme le tiers, bénéficie d'un droit à la restitution des biens spoliés ou saisis, du fait de son titre de propriété sur le bien. Mais en subissant directement le préjudice de l'infraction, la victime bénéficie d'un droit ne suggérant aucune preuve, si ce n'est celle du titre de propriété, qui lui permettra d'obtenir restitution de son bien à condition que ce dernier ne soit plus utile à la manifestation de la vérité.

Au contraire le tiers devra réclamer le bien saisi, afin qu'il lui soit restitué, et à condition qu'il soit établi que ce dernier est de bonne foi (A). Cette différence de traitement est due à l'implication des différents acteurs vis-àvis de l'infraction. L'un étant victime de l'infraction et l'autre de la procédure.

Par ailleurs les héritiers peuvent également limiter la saisie. Ceux-ci bénéficieront de l'extinction de l'action publique du fait de la « mort[126] » de la personne poursuivie et de ce fait pourront, en principe, récupérer le bien saisi (B).

A. Une saisie nuancée et limitée face aux tiers de « bonne foi »

L'article 131-21 du Code pénal permet la saisie de biens dont la personne poursuivie a la libre disposition. Il est donc possible de saisir tous les biens que la personne aura en sa possession sans se soucier du propriétaire réel du bien.

Cependant cet article prévoit également la possibilité pour le tiers de bonne foi de réclamer le bien saisi à condition qu'il soit le véritable propriétaire de celui-ci. Cette disposition est expressément prévue aux alinéas 2, 5 et 6 du Code pénal. Néanmoins le Conseil Constitutionnel estime dans sa décision du 26 novembre 2010[127] que cette protection ne se limite pas à ces seuls alinéas mais prévaut sur l'ensemble des dispositions qui gouvernent le régime juridique des confiscations et donc des saisies.

Pareille situation est une limite à la saisie en ce que, par exemple, l'instrument de l'infraction ne pourra être

---

[126] La mort faisant autant référence aux personnes physiques que morales.

[127] Cons. Const., 26 nov. 2010, n° 2010-66 QPC, considérant n° 7.

saisi, durant toute la procédure, en considérant la réclamation d'un tiers de bonne foi. Il reviendra à ce tiers de prouver son titre de propriété et sa bonne foi. Ces preuves du titre et de la bonne foi du tiers se confronteront aux éléments de l'enquête, éléments qui pourront permettre la contestation de la bonne foi ou du titre du tiers.

L'article 131-21 du Code pénal fait expressément référence aux « droits du propriétaire de bonne foi ». Ce statut de propriétaire suppose un titre sur une chose immatriculée. Dès lors il est délicat pour ce tiers de prouver sa propriété en présence de biens meubles qui, en vertu de l'article 2276 du Code civil, fait du détenteur le propriétaire.

Pareil problème ne semble pas se poser concernant les biens incorporels. En effet ces biens généralement de haute valeur économique sont souvent nominatifs et il paraît dès lors aisé d'en revendiquer la propriété.

Par exemple un compte bancaire est toujours au nom d'une personne. Un fonds de commerce est immatriculé au Registre du Commerce et des Sociétés, ce qui facilite la restitution du bien incorporel saisi au tiers de bonne foi lésé.

Mais certains biens incorporels peuvent tout de même poser difficulté en présence de tiers revendiquant la propriété. Il s'agit par exemple des bons de caisse ou de capitalisation au porteur, c'est-à-dire anonymes, ou encore des Bitcoins. En pareille circonstance il devient difficile pour un tiers de revendiquer la propriété du bien au vu de l'article 2276 du Code civil.

Par ailleurs le tiers se doit d'être de bonne foi, celle-ci se présumant. La loi n'a pas précisé le sens qui doit être donné à cette bonne foi de sorte que la jurisprudence l'a définie comme l'absence de connaissance par le tiers de ce que le bien, dont il a acquis la propriété, a un lien avec la commission d'une infraction[128].

Cette condition a été rappelée par la Chambre criminelle dans un arrêt en date du 15 janvier 2014[129] qui priva un tiers de son droit de propriété en estimant que ce dernier n'ignorait pas que son bien était utilisé à des fins de commission d'une infraction. La Cour de cassation considéra donc le tiers comme étant de mauvaise foi.

De plus cet arrêt a donné l'occasion à la Haute juridiction de déclarer recevable l'intervention volontaire du tiers c'est-à-dire la possibilité à un tiers, agissant d'initiative, de prendre la qualité de partie à une procédure à laquelle il est étranger, mais à la condition d'être de bonne foi.

La preuve de cette bonne foi sera d'autant plus difficile à établir pour le tiers que la Chambre criminelle a recours à des présomptions de connaissance de l'utilisation du bien[130]. Dans cet arrêt il avait été opéré une saisie des biens indivis de la compagne du mis en examen. Celle-ci n'avait pas été déclarée de bonne foi parce qu'elle partageait sa vie depuis plusieurs années et que de ce fait elle ne pouvait ignorer l'origine délictueuse des biens.

---

[128] Crim. 13 avr. 1999, n° 97-85.443 : Bull. crim. 1999, n°74 ; Juris-Data n° 1999-001998.
[129] Crim. 15 janv. 2014, n° 13-81.874.
[130] Crim. 9 déc. 2014, n° 13-85.150.

L'article 131-21 du Code pénal prévoit donc la possibilité pour les tiers de bonne foi de réclamer un bien saisi qui leur appartient. Ceci a pour conséquence de limiter le champ de la saisie lorsque le bien n'est que possédé par la personne poursuivie. Cependant telle possibilité se justifie au regard du respect du droit de propriété de chacun.

Toutefois, en considérant la double condition de bonne foi et d'établir le titre de propriété, il s'avère que la saisie ne sera pas outrageusement limitée.

Cette saisie pourra également être limitée par les héritiers du saisi.

B. Une saisie difficile et limitée face aux héritiers

Le décès de la personne poursuivie peut survenir entre le moment où la saisie est opérée et le jugement prononçant la confiscation du bien.

Telle hypothèse limite les saisies pénales en ce que le décès de la personne poursuivie suppose, en vertu de l'article 6 CPP, l'extinction de l'action publique. Dès lors tout bien saisi devra être restitué aux héritiers en l'absence de condamnation définitive.

Cette solution ne pouvant être satisfaisante au vu du transfert de patrimoine qu'engendre un décès, il convient de recourir à l'article 133-1 du Code pénal.

Cet article permet, en dépit du décès de la personne condamnée, la confiscation de ses biens. Cependant cet article n'a vocation à régir que les situations ayant déjà fait l'objet d'un jugement devenu définitif, donc des situations « post-sentencielles ». Or, en présence de saisie pénale, il s'agit de s'intéresser à la phase « présentencielle » c'est-à-dire la période antérieure au jugement qui emporte extinction de l'action publique en cas de décès de la personne poursuivie.

En conséquence, en présence du décès de la personne poursuivie qui faisait l'objet d'une saisie pénale, le droit pénal français permet la restitution aux héritiers de tous les biens saisis entre les mains de cette personne.

Ceci peut conduire à des situations plus que déplorables. Par exemple cela conduirait à transmettre aux héritiers le produit d'un trafic de stupéfiants ou encore un fonds de commerce servant à l'exercice de proxénétisme.

Une telle situation ne peut être supportée en considérant l'intention législative qui est de garantir que « le crime ne paie pas ». Dès lors, il convient d'étudier les possibilités d'obtenir confiscation de ses biens saisis, voués à la restitution.

Afin d'obtenir la confiscation du bien, il pourra être démontré que celui-ci n'est que le produit de l'infraction. Parvenir à prouver cela permettrait d'aboutir sans nul doute à la confiscation du bien. En effet la saisie du produit de l'infraction n'a rien de personnel mais s'attache à l'objet de la fraude ou du délit. Par conséquent le décès de la personne poursuivie sera indifférent à la saisie et donc à la confiscation car cette mesure n'est pas conditionnée à la propriété de la personne poursuivie, la saisie s'opérant sans considération de titre.

Ainsi certains praticiens ont soutenu que le décès de la personne poursuivie ne gênait en rien la confiscation, « en effet, en présence du produit de l'infraction, il peut parfaitement être soutenu, d'une part, que la restitution peut être de nature à créer un danger pour les personnes ou les biens, et d'autre part, que, par définition, la propriété est toujours contestable[131] ».

De plus ce raisonnement, consistant à « impersonnaliser » la confiscation, pourrait être élargi aux différents fondements de l'article 131-21 CP et ne plus se cantonner au produit de l'infraction en prenant en compte la jurisprudence de la Cour de cassation : « la confiscation n'a rien de personnel, elle affecte l'objet de la fraude, abstraction faite du propriétaire[132] ». Ceci semble toutefois peu plausible au vu de l'atteinte au droit de propriété qu'engendrerait pareil élargissement.

Il sera également envisageable de confisquer un bien saisi et donc de contourner la limite que constitue le décès de la personne poursuivie, au regard de la nature même de certaines infractions ou de circonstances aggravantes s'y rattachant.

En effet certaines infractions, comme l'association de malfaiteurs[133] ou des infractions réalisées en bande organisée, sont commises avec une pluralité d'agents. Ainsi, en présence d'un trafic de stupéfiants commis en bande organisée, les biens saisis pourront être confisqués alors même que la personne poursuivie est décédée en considé-

---

131 C. Duchaine, D. Martinelli, « Décès du prévenu et récupération des produits du crime », La revue du GRASCO n° 3, Octobre 2012, p. 14.

132 Crim. 16 déc. 1898 : S. 1899. 1. 529 (2e esp.), note Roux ; Crim. 1er mars 1956 : Bull. crim. n° 215.

133 Art. 450-1 CP.

rant chaque agent comme propriétaire des biens. Il s'agira par exemple de saisir un fonds de commerce couvrant la production des substances alors même que le propriétaire est décédé, en partant du principe que ce fonds de commerce est l'instrument de l'infraction et que de ce fait est saisissable et donc confiscable entre les mains des autres personnes poursuivies.

Néanmoins pareille hypothèse semble réservée aux biens dont il sera possible d'établir une propriété « partagée ».

Ainsi le décès de la personne poursuivie a pour conséquence de limiter la saisie pénale du fait de l'extinction de l'action publique. Cependant une saisie effectuée sur le fondement de l'article 131-21 alinéa 3 (produit de l'infraction) paraît pouvoir survivre à cette extinction.

L'extinction de l'action publique faisant disparaître la procédure engagée à l'égard du décédé sauf si l'autorité d'enquête et de poursuite parvient à caractériser de nouvelles infractions de la part des héritiers, il s'agira, par exemple, de démontrer que les héritiers ont connaissance de l'origine des biens et se rendent coupables de recel[134] (cette infraction permettant de saisir l'entier patrimoine du délinquant).

Il est dommageable que le droit pénal n'encadre pas une telle situation alors que le code des douanes le prévoit. En effet l'article 344 de ce code encadre la suite des biens saisis en cas de décès de la personne poursuivie : « lorsque l'auteur d'une infraction douanière vient à dé-

---

[134] Art. 321-1 CP.

céder avant intervention d'un jugement définitif ou d'une transaction, l'Administration est fondée à exercer contre la succession une action tendant à faire prononcer par le tribunal de grande instance la confiscation des objets passibles de cette sanction ou, si ceux-ci n'ont pu être saisis, la condamnation au paiement d'une somme égale à la valeur desdits objets ».

La dissolution d'une personne morale engendrera les mêmes conséquences, sauf à prouver qu'une personne physique a la libre disposition des biens de la personne morale. Dès lors la saisie survivra à l'extinction de l'action publique et aura une chance d'aboutir à la confiscation du bien.

La saisie pénale des biens incorporels doit donc être analysée en fonction de la qualité des personnes.

Cette saisie permet d'appréhender les biens qui sont la propriété de la personne poursuivie mais également ceux à sa libre disposition.

Au-delà de la personne poursuivie, il est nécessaire de s'attacher à ce lien de propriété afin d'être en mesure d'anticiper la viabilité de la procédure.

Chapitre 3. Une saisie fonction de la nature du bien

La loi du 9 juillet 2010 instituant les procédures de saisies spéciales a mis à disposition des autorités d'enquête et de poursuite une pluralité de procédures de saisies fonctions des biens devant être appréhendés. Ainsi, à côté de la procédure dite « normale » de saisie des biens meubles corporels, ont été instituées des procédures de saisie immobilière ou de biens ou droits mobiliers incorporels.

Le législateur a donc logiquement créé des procédures spéciales en considérant la nature juridique particulière de certains biens. Ce dernier a estimé que certains biens devaient faire l'objet de procédures spécifiques étant donné leur nature particulière.

L'utilisation de ces procédures spéciales est nécessairement liée à cette nature du bien, ainsi la saisie d'un bien nécessite au préalable d'établir sa nature juridique afin de savoir quelle procédure engager (Section 1).

Ceci est d'une évidence certaine mais mérite d'être souligné car cette approche par le bien est susceptible, dans des hypothèses limitées, d'être source d'incertitude (Section 2).

Section 1. Un bien déterminant le type de saisie

Toute procédure de saisie commence par l'étude du bien devant être saisi. Ainsi pour opérer une saisie pénale de biens incorporels, encore faut-il être en présence d'un bien incorporel. En effet c'est bel et bien la nature du bien qui dictera la procédure de saisie à adopter (§1).

Cette saisie pénale de biens incorporels regroupe non seulement les biens de cette nature mais également les droits. Même s'il évoque les deux, le législateur n'a pas semblé vouloir réellement les distinguer (§2).

§ 1. Une approche par le bien

L'article 131-21 du Code pénal énonce les différentes possibilités de saisies offertes aux autorités d'enquête et de poursuite. Cependant rien n'est prévu concernant le choix du type de saisie c'est-à-dire sur le type de procédure à adopter.

Les saisies ont la particularité d'être dépendantes de la nature du bien devant être saisi. En effet afin de choisir le type de saisie à opérer, il convient de connaître au préalable la nature juridique du bien.

Dès lors, afin de procéder à une saisie pénale de biens incorporels, il faut établir que le bien devant être saisi est un bien incorporel.

Cette approche par le bien semble la plus logique car la nature juridique d'un bien a le mérite d'être un élément stable qui ne varie généralement pas au fil des années.

Elle permet également d'uniformiser les procédures sur le plan national. En effet s'il avait été laissé à l'appréciation de chacun de choisir le type de saisie à opérer en fonction de son impression sur le bien, il en résulterait une diversité procédurale ne permettant pas de garantir les droits de chacun.

Ce choix de faire dépendre le type de saisie à la nature juridique du bien n'est pas un choix contestable car celui-ci est gage de sécurité tant pour le saisi que les autorités d'enquête et de poursuite et permet d'adapter la procédure aux spécificités et particularités des biens.

Par exemple il est impossible de saisir un Véhicule Terrestre à Moteur comme un compte bancaire, l'un suppose seulement l'apposition d'un scellé alors que l'autre nécessite des réquisitions et surtout présente une volatilité importante qui nécessite une prise en compte procédurale.

Le choix du type de saisie en fonction de la nature juridique du bien suppose de distinguer dans un premier temps si le bien concerné est un bien corporel ou incorporel. Dès la distinction opérée il convient de choisir la procédure s'y rapportant. Par conséquent si le bien est de nature incorporelle, la saisie pénale de biens incorporels s'appliquera.

Cette distinction corporel / incorporel est essentielle. En effet les autorités d'enquête et de poursuite ne peuvent se contenter de constater l'intitulé du bien pour en déduire le type de saisie à adopter.

Par exemple ce n'est pas l'intitulé d'un produit financier qui en détermine le mode d'appréhension mais bel et bien la nature juridique et la réponse à la question de savoir s'il relève du corporel ou de l'incorporel. Il convient donc de s'attarder sur les biens composant cette saisie pénale des biens incorporels.

§ 2. Les biens et les droits mobiliers incorporels

La saisie pénale des biens incorporels est organisée au Chapitre IV du titre vingt-neuvième du CPP. Ce Chapitre intitulé « Des saisies portant sur certains biens ou droits mobiliers incorporels » semble faire la distinction entre les biens et les droits susceptibles d'être saisis.

Il convient donc de définir ce que sont respectivement les biens mobiliers incorporels puis les droits mobiliers incorporels.

Les biens mobiliers incorporels sont « ceux qui n'ont pas de réalité matérielle, ne peuvent être appréhendés par la main ou le regard. Ils n'ont qu'une existence abstraite que le droit consacre en considération de leur valeur économique. Cette distinction connue du droit romain qui opposait les *res corporales* aux *res incorporales* n'apparaît pas explicitement dans le Code civil mais transparaît en filigrane. En retenant les notions d'immeubles par l'objet auxquels ils s'appliquent et de meubles par détermination de la loi, le législateur vise, en effet, la qualification des biens incorporels par opposition aux biens corporels meubles ou immeubles par nature[135] ».

Ces biens mobiliers incorporels ne font pas l'œuvre d'une liste exhaustive du législateur. Ce défaut volontaire

[135] M.-C. De Lambertye-Autrand, « Biens – Distinctions », *JCl. Civil Code* 2015, Art. 516, n° 37.

est dû à la volonté d'appréhender toutes les richesses que brasse cette catégorie juridique quelles qu'en soient les déclinaisons. En effet établir une liste exhaustive aurait pu empêcher la saisie d'un bien mobilier incorporel non présent dans cette dernière ou qui n'a pas encore été mis en place. À l'heure de la dématérialisation permanente des biens et de la création de monnaie virtuelle, pareille situation aurait été plus que dommageable, empêchant ainsi la saisie de ces biens.

Les comptes de dépôts sont les exemples les plus communs de ces biens mobiliers incorporels. Mais ces biens ne constituent pas la seule matière de cette catégorie. D'autres biens tels que les fonds de commerce, les valeurs mobilières, les parts sociales, les titres ou instruments financiers font partie de cette catégorie en perpétuelle évolution au regard de l'inventivité des délinquants quand il s'agit de trouver de nouveaux moyens de blanchiment.

La possibilité de confisquer, et donc de saisir, les droits incorporels est prévue par l'article 131-21 alinéa 8 du Code pénal. Ce texte issu de la loi du 9 juillet 2010 a eu pour objectif d'intégrer les mutations provoquées par les progrès de la science sur le droit des biens.

Cette catégorie de droits mobiliers incorporels permet d'appréhender des biens qui n'entraient pas dans la *summa divisio* des biens meubles ou immeubles. Cette catégorie embrasse actuellement les droits intellectuels qu'une personne détient ou les licences (telle une licence de débit de boissons) mais également les créances de sommes d'argent et d'assurance sur la vie.

De la même manière le législateur n'a pas établi de liste exhaustive des droits mobiliers incorporels afin de ne pas limiter les saisies aux droits existants. En effet une liste exhaustive supposerait l'ajout du nouveau droit saisissable à chaque fois, or les réformes législatives nécessitent du temps, temps durant lequel le droit n'offrirait pas de nouvelles possibilités de saisie.

Même si le législateur énonce que les saisies peuvent porter sur certains « biens ou droits mobiliers incorporels », il ne semble pas que ceci suppose nécessairement une distinction entre bien et droit incorporels. En effet le législateur, dans l'intitulé de ce chapitre, semble surtout vouloir éviter tout empêchement à la saisie. Par exemple si ce chapitre s'était intitulé « Des saisies portant sur certains biens mobiliers incorporels », un avocat compétent n'aurait pas reculé devant le défi de contester une saisie de créance. Une créance étant considérée comme un droit mobilier incorporel, la saisie ne portant que sur le bien, cette dernière aurait pu être annulée.

Il semble donc que dans cette perspective, le législateur ait voulu être exhaustif ou tout du moins complet dans l'intitulé de ce chapitre IV en précisant « biens ou droits » mais en n'appliquant aucune distinction formelle entre ces deux catégories.

En aucun cas les articles 706-153 à 706-157 du CPP ne mentionnent qu'un bien est précisément un bien ou un droit. En effet le législateur aurait pu par exemple énoncer dans son article 706-155 alinéa 1 ou 2 CPP que les créances sont des droits mobiliers incorporels. Or celui-ci ne l'a pas fait se contentant seulement de décrire la procédure à adopter en présence de ces droits particuliers.

De la même façon le régime général « des saisies portant sur certains biens ou droits mobiliers incorporels » ne fait aucune distinction entre biens et droits en appliquant la même procédure aux deux catégories.

De plus la pratique des enquêteurs lors de saisies de biens ou de droits mobiliers incorporels montre que ces derniers ne distinguent en aucun cas ces deux notions. En effet ceux-ci s'attachent uniquement à la nature du bien pour procéder à la saisie : si l'objet est incorporel alors l'article 706-153 du CPP s'appliquera. Ainsi cette distinction bien / droit ne trouve aucune utilité d'un point de vue pratique. De ce fait la saisie pénale de biens incorporels s'attache uniquement à l'incorporalité.

Enfin en droit, les termes « droits » et « biens » désignent la même chose appréhendée sous deux angles différents[136]. Ainsi un bien peut être soit corporel soit incorporel. Le droit quant à lui désigne le pouvoir d'une personne sur une chose. Dès lors il peut être saisi une somme d'argent en tant que bien incorporel ou une créance de somme d'argent comme un droit incorporel.

Ce mémoire aborde donc la saisie pénale du Chapitre IV du Titre vingt-neuvième du CPP comme une saisie pénale de biens incorporels ne distinguant de ce fait pas nécessairement les biens et les droits. La notion de bien étant donc comprise dans l'acception la plus large possible.

[136] C. Cutajar, Le nouveau droit des saisies pénales, *AJ pénal* 2012, p. 124.

Déterminer la nature de certains biens peut être, dans quelques hypothèses, délicat. Il en résulte une difficulté quant à la procédure à adopter.

Section 2. À bien incertain, saisie incertaine

La nature juridique du bien dicte la procédure de saisie à adopter. Mais dans de rares cas, la nature du bien ne peut être établie avec certitude. Il en découle une incertitude sur la saisie à opérer (§ 1). Une autre incertitude est liée à l'émergence de nouveaux moyens de paiement. Ces biens, non cernés par le Droit, nécessitent d'être étudiés afin de mieux les appréhender (§ 2).

§ 1. Les ambiguïtés des biens de nature mixte

Saisir un bien en fonction de sa nature juridique semble être une solution efficace puisque tout bien dispose d'une nature précise. Cependant il existe des hypothèses de biens qui sont à la frontière du corporel et de l'incorporel.

En effet certains biens sont représentés par un titre (corporel) porteur d'un droit (incorporel).

Les bons de caisse sont les exemples parfaits de pareille hypothèse. Ces derniers, plus connus sous la dénomination de bons à ordre ou au porteur, sont des titres représentant un emprunt émis par un établissement financier ou par un commerçant (personne physique ou morale), le débiteur devant payer à échéance déterminée le prêt qui lui a été consenti à travers le paiement de leur montant[137].

Ces bons prennent la forme de titres négociables représentant la créance de remboursement du prêt consenti[138]. Certains de ces bons étant rémunérés sous forme d'intérêts.

Les bons de caisse peuvent être soit nominatifs, ils portent par conséquent le nom du bénéficiaire et ne peuvent être payés qu'à ce dernier sur présentation ou à toute autre personne qu'il désignerait.

Mais ils peuvent être également anonymes donc émis au porteur, dès lors ils sont payés au détenteur du titre sans que celui-ci ait à justifier de ce qu'il en est l'acquéreur initial ou qu'il les détient régulièrement.

Ces bons au porteur constituent un moyen de blanchiment parfait pour les délinquants qui peuvent les acquérir par « tout moyen de paiement[139] ».

Les bons de caisse sont des biens corporels car reposant sur du papier, « la tradition du titre papier étant considérée comme le seul moyen de faire circuler le droit de créance[140] ».

---

[137] Art. L. 223-1 CMF.

[138] H. Hovasse, N. Martial-Braz, S. Le Normand-Caillère, Fasc. 1950 : Bons de caisse, *JCl. Sociétés Traité* 2013.

[139] L. n° 86-824 du 11 juillet 1986 - art. 26.

[140] CA Paris, 26 juin 1998 : *RD bancaire et bourse*, 1999, comm. 81, F.-X. Lucas.

Aucun problème ne se pose quant à la saisie pénale de bons de caisse non rémunérés. En effet ceux-ci seront saisis par la procédure applicable aux biens corporels.

Néanmoins une difficulté apparaît en cas de bons rémunérés. Il s'avère que ces bons revêtent une part d'incorporalité non négligeable.

Certes le bon repose sur un titre papier et a donc un aspect corporel mais il produit des intérêts. Toute l'ambiguïté de ce bien repose sur ce détail.

S'il est procédé à une saisie pénale de bien corporel sur un tel bien, celui-ci sera déposé au greffe du Tribunal de Grande Instance au même titre que les scellés ordinaires. Ce scellé sera conservé avec les biens meubles corporels, il sera donc stocké avec les armes, les téléviseurs, etc.

Ce bien faisant l'œuvre d'une saisie pénale de bien corporel, il peut être remis à l'AGRASC en vue de son aliénation avant jugement, si celui-ci n'est plus nécessaire à la manifestation de la vérité. Dès lors, les intérêts produits entre l'aliénation et la décision de confiscation seront perdus car le bien aura été vendu.

En effet, la vente du bon s'effectuera sur la valeur qu'il représente au moment de l'aliénation. Or cette valeur est vouée à augmenter étant donné les intérêts produits par le bien.

Cette solution ne peut être satisfaisante au vu de la perte pécuniaire qu'engendre pareille décision. En effet si le bien n'est pas confisqué et que le bon a été vendu, ce sera à l'État de compenser le manque à gagner dû aux intérêts qu'aurait produit le bon.

La solution la plus satisfaisante serait de procéder normalement à une procédure de saisie pénale de bien corporel, mais de maintenir cette procédure en l'état pour que le bien soit représenté au jugement. Ainsi, le bien continuerait de produire des intérêts jusqu'à la décision de confiscation du bien saisi.

Il apparaît donc une gestion incorporelle due aux intérêts des bons de caisse alors même que ceux-ci sont des biens corporels et devraient de ce fait subir une gestion corporelle.

Ce cas atypique montre les liens qui peuvent exister entre différentes procédures du fait de la nature de certains biens. Ainsi, les bons de caisse représentent parfaitement une telle hypothèse encore non cernée par la pratique.

Cette ambiguïté relative aux biens de nature incertaine est aujourd'hui propre aux bons de caisse mais, au vu de l'évolution des biens, de l'avancée de l'incorporalité sur les valeurs pécuniaires, nul doute que cette gestion particulière est vouée à s'étendre.

Une autre solution pourrait voir le jour en considérant la jurisprudence de la 2e chambre civile de la Cour de cassation[141].

Dans cet arrêt, la Haute juridiction prend position sur la qualification juridique des bons de capitalisation et de leur appréhension par le droit des procédures civiles d'exécution.

[141] Cass. 2e civ., 10 juill. 2008, n° 07-14658.

Certes cet arrêt émanant d'une chambre civile, concerne les procédures civiles d'exécution et a été rendu antérieurement à l'entrée en vigueur des textes relatifs aux saisies pénales spéciales, mais il mérite d'être envisagé tant sa solution facilite l'appréhension des bons de capitalisation et par extension des bons de caisse.

Comme pour le bon de caisse, le bon de capitalisation est un instrument d'épargne original, marqué d'ambiguïté.

Le bon de capitalisation ressemble étrangement au bon de caisse. Il permet à un épargnant, appelé souscripteur, de verser une somme d'argent, à une compagnie d'assurance qui émet alors un bon de capitalisation, lequel constate le versement.

Tout comme le bon de caisse, le bon de capitalisation peut être souscrit sous forme nominative ou au porteur.

Afin de déterminer la saisie à effectuer, la Cour de cassation a dû préalablement définir la nature juridique de ces bons de capitalisation.

Elle a commencé par exclure toute assimilation entre valeurs mobilières et bons de capitalisation en considérant que les bons n'étaient pas fongibles au sein d'une même catégorie ou d'une même émission, or ceci caractérise les valeurs mobilières[142].

De la même façon ces bons ne peuvent être des instruments financiers en vertu de l'article L. 211-1 du CMF, ni des titres financiers puisqu'ils peuvent être émis

[142] C. civ., 7 mai 1912 : *DP* 1914, 1, p. 249 ; S., 1914, 1, p. 489.

sous forme matérialisée, et encore moins des contrats financiers.

La Cour de cassation était face à une situation inédite : décider du régime applicable à des bons, qui peuvent être matérialisés, là où le dispositif légal n'envisage les titres (parts sociales ou valeurs mobilières) que sous forme dématérialisée.

Cet arrêt de 2008 permet à la Chambre civile de prendre position sur la nature juridique des bons de capitalisation en considérant ceux-ci comme des créances. Il en résulte que ceux-ci doivent se saisir comme des créances.

Cette solution, certes relevant du domaine civil, pourrait trouver écho dans le champ pénal. En effet saisir des bons de capitalisation ou des bons de caisse par l'intermédiaire d'une saisie pénale de biens incorporels permettrait de contrer l'effet néfaste de la saisie pénale de biens corporels (effet relatif aux intérêts).

Cependant cette solution mérite d'être nuancée. Pour satisfaire toute hypothèse, il faudrait distinguer entre les bons produisant des intérêts et ceux n'en produisant pas. Ainsi il conviendrait de saisir les bons non rémunérés par la saisie pénale de biens corporels et les bons rémunérés par la saisie pénale de biens incorporels et plus particulièrement avec l'article 706-155 alinéa 1 CPP.

En plus des biens de nature mixte, le droit des saisies pénales se doit d'appréhender les nouveaux moyens de paiement incorporels.

§ 2. Les ambiguïtés des nouveaux moyens de paiement incorporels

Ces dernières années ont vu émerger de nouveaux moyens de paiement incorporels. Ainsi la création de monnaies virtuelles comme le Bitcoin en février 2009, nécessite une prise en compte par les pouvoirs publics.

Les monnaies virtuelles sont des moyens de paiement de plus en plus utilisés. Le Bitcoin est le plus connu de tous ces instruments financiers mais d'autres ont fait leur apparition comme le SolidCoin, le LiteCoin ou encore BBQcoin.

Le développement du Bitcoin et des autres monnaies virtuelles constitue un danger.

Son caractère anonyme favorise le contournement des règles relatives à la lutte contre le blanchiment des capitaux et le financement du terrorisme. Par exemple les fonds issus de différents trafics pourront permettre d'acquérir des bitcoins qui seront transformés par la suite en une autre devise officielle.

Tracfin a pointé ce risque dans son rapport d'activité pour l'année 2011[143].

De plus l'absence d'autorité centrale et l'irréversibilité des transactions vont dans le sens de ce danger. Le Bitcoin pourra également être l'objet ou le produit d'une infraction pénale, par exemple via des programmes malveillants visant à intercepter subrepticement ces derniers.

---

143 Tracfin, « L'encadrement des monnaies virtuelles », juin 2014.

De ce fait il convient de connaître la nature juridique du Bitcoin afin de savoir quel type de saisie opérer.

En effet nul doute que le Bitcoin, ainsi que toutes les monnaies virtuelles sont des biens incorporels. Cependant le droit des saisies pénales de biens incorporels offre une pluralité de fondements possibles à la saisie en fonction de l'incorporalité du bien. Par exemple une saisie de compte de dépôt s'opèrera en vertu de l'article 706-154 CPP alors qu'une créance sera saisie avec l'article 706-155 alinéa 1 CPP.

Il est donc nécessaire de connaître la nature exacte du Bitcoin afin d'utiliser le bon fondement et éviter que la saisie soit annulée du fait de l'utilisation du mauvais article.

Le Bitcoin n'est, en vertu de l'article L. 111-1 CMF[144], pas une monnaie légale. La monnaie étant vue comme constituant à la fois une unité de valeur, c'est-à-dire un instrument d'évaluation, une unité de paiement et enfin une réserve de valeur, un actif de patrimoine, qui pourra être réutilisé pour acquérir de nouveaux biens ou services[145]. Le Bitcoin ne constitue donc pas une monnaie légale car il n'est pas possible d'imposer un paiement via ce bien hormis dans la propre communauté d'utilisateurs.

Il n'est pas non plus une monnaie électronique au sens de l'article L. 315-1 I. du même code car il n'y a pas de

---

144 « La monnaie de la France est l'euro. »

145 J. Carbonnier, *Droit civil, Tome II, Les obligations. Les biens*, éd. PUF, 2004, n° 675.

remise initiale de fonds, ni d'émetteur. En effet la monnaie électronique suppose une remise de fonds, le support électronique, quel qu'il soit, étant « chargé » contre la remise de fonds. De plus la monnaie électronique constitue une créance du détenteur sur l'émetteur de monnaie électronique.

De la même façon, le Bitcoin n'est pas une créance encore une fois faute d'émetteur.

Enfin le Bitcoin ne semble pas être un instrument financier au sens des articles 706-156 CPP et D. 211-1 A du CMF, article définissant les contrats financiers. Ne rentrant même pas dans la catégorie « balai » du 8° de cet article du fait de son organisation.

Dès lors le Bitcoin doit être considéré comme un bien meuble incorporel c'est-à-dire une valeur économique dépourvue de matérialité. La Cour d'Appel de Paris ayant qualifié comme tels les Bitcoins dans un arrêt du 26 septembre 2013[146].

L'appréhension du Bitcoin, et des autres monnaies virtuelles semblables, se fera à travers la saisie pénale de biens incorporels prévue à l'article 706-153 du CPP[147].

Cette qualification permet également la remise du bien à l'AGRASC pour vente avant jugement en vertu de l'extrême volatilité du Bitcoin, permettant ainsi au magistrat mandant de justifier des risques de dépréciation.

146 CA Paris, 26 sept. 2013, n° 12/00161.
147 V. Partie 2, Chapitre 1.

Cependant le Bitcoin n'étant pas cerné et reconnu par le Droit français, les autorités publiques n'ont pas créé de compte permettant d'accueillir tel bien. Par conséquent nulle saisie ne pouvait aboutir car le Bitcoin ne pouvait être stocké.

Mais l'AGRASC a permis cela en ouvrant un porte-feuille de Bitcoins. Néanmoins le transfert du compte de la personne poursuivie sur le compte de l'AGRASC pourra poser problème. En effet l'opération nécessite un accès au portefeuille de la personne concernée par la saisie pénale, il convient donc de décrypter ou de connaître son code, chose difficile sans sa coopération.

Il apparaît donc que la saisie des monnaies virtuelles est permise par la procédure pénale française.

D'ailleurs près de 400 Bitcoins ont été saisis par un magistrat instructeur assisté par la Section de recherche de la Gendarmerie de Toulouse[148].

Ainsi une saisie pénale de biens incorporels ne peut, en toute logique, être opérée que sur un bien incorporel. En effet, la nature juridique du bien conditionne l'emploi d'une procédure spécifique. Cependant certaines situations montrent la difficulté de mise en œuvre de ce raisonnement.

---

[148] La Tribune, « Bitcoin : le premier trafic démantelé en Europe est Français », www.latribune.fr, 07 juillet 2014 ; Le Point, « Bitcoin : les gendarmes démantèlent une plateforme en France », www.lepoint.fr, 07 juillet 2014.

Conclusion de Partie

La saisie pénale des biens incorporels s'avère donc être fonction d'une triple dépendance. Celle-ci suppose l'analyse des différentes possibilités offertes par l'article 131-21 du code pénal, mais également l'étude de la qualité de la personne objet de la saisie. Cette procédure suppose enfin de s'attacher à la nature juridique du bien considéré afin de procéder correctement à la saisie.

Tous ces éléments constituent les fondements de la saisie pénale des biens incorporels sans lesquels celle-ci ne peut être mise en œuvre.

2e PARTIE : LES PROCÉDURES APPLICABLES À LA SAISIE PÉNALE DES BIENS INCORPORELS

La saisie pénale des biens incorporels est régie par des règles spécifiques prévues au Chapitre IV du Titre vingt-neuvième du Code de procédure pénale. Ainsi toute saisie pénale portant sur un bien incorporel doit être mise en œuvre en vertu des articles de ce Chapitre (Chapitre 1). Toutefois cette mesure répond, en certains points, au droit commun des procédures pénales. La mise en œuvre de la saisie pénale de biens incorporels a vocation à exclure l'application d'autres mesures fondées, comme elle, sur la nature du bien. Toutefois, il peut arriver que cette appréhension entre en concours avec d'autres mesures de saisies (Chapitre 2). Qu'elle soit en concours ou appliquée seule, la saisie pénale de biens incorporels produira des effets qui sont propres aux saisies spéciales (Chapitre 2).

Chapitre 1. La mise en œuvre de la saisie pénale des biens incorporels

La mise en œuvre de la saisie pénale de biens incorporels suppose, avant toute chose, de connaître le cadre juridique de la saisie (Section 1). Après avoir déterminé ce cadre, les autorités d'enquête et de poursuites peuvent mettre en œuvre la procédure applicable à ces saisies spéciales (Section 2).

Section 1. Le cadre juridique de la saisie

La saisie pénale de biens incorporels nécessite de distinguer le cadre juridique dans lequel celle-ci s'effectuera. En effet, en fonction de ce cadre, la saisie sera ordonnée soit par le procureur de la République sur autorisation du juge des libertés et de la détention (§ 1) soit par le juge d'instruction (§ 2). Le non-respect de ces formalités empêchant *de facto* les OPJ d'appréhender tout bien incorporel.

§ 1. La saisie pénale des biens incorporels dans le cadre de l'enquête préliminaire ou de flagrance

L'article 706-153 alinéa 1 du Code de procédure Pénale envisage la procédure applicable en cas de saisie pénale de biens incorporels dans le cadre d'une enquête préliminaire ou de flagrance. Au cours d'une de ces enquêtes la décision de saisir appartient au seul procureur de la République. Cependant la mesure de saisie est subordonnée à l'obtention d'une autorisation par ordonnance motivée du Juge de la Liberté et de la Détention. Ainsi, le Parquet doit saisir par requête le JLD pour que la saisie soit effectuée. Dépourvue d'une telle autorisation, la saisie ne peut être opérée.

La circulaire du 22 décembre 2010[149] a rappelé cette distinction entre les prérogatives du JLD et celles du procureur de la République : le premier ne pouvant qu'autoriser la saisie alors que le second peut l'ordonner.

Par ailleurs cette circulaire incite les parquets à être « particulièrement vigilants » à cette autorisation préalable. En effet, afin d'éviter de devoir suspendre le cours de la perquisition au moment de la découverte d'un bien incorporel, et donc de perdre du temps, elle préconise que « le procureur de la République qui autorise la perquisition saisisse, dans le même temps, le Juge de la Liberté et de la Détention aux fins d'autorisation de la saisie des biens qui seront découverts dans le cadre de la perquisition ».

Dans tous les cas d'enquête préliminaire ou de flagrance, concernant la saisie pénale de biens incorporels, deux décisions seront prises. La première est la décision d'autorisation de la saisie par le JLD. La deuxième, sur la base de la précédente, est la décision de saisie pénale prise

---

149 Circ. du 22 décembre 2010 relative à la présentation des dispositions résultant de la loi n° 2010-768 du 9 juillet 2010 visant à faciliter la saisie et la confiscation en matière pénale, NOR : JUSD1033251C.

par le Ministère public, à qui il incombe de l'ordonner et de la mettre en œuvre.

La décision du parquet ne répond à aucun formalisme obligatoire. Elle se cantonne à viser le fondement de la saisie et l'ordonnance d'autorisation du JLD. Néanmoins elle doit permettre d'identifier précisément le bien saisi et, le cas échéant, les co-indivisaires afin d'assurer l'opposabilité de la saisie et permettre les voies de recours.

Cette autorisation donnée par le JLD avant de pouvoir procéder à une saisie pénale de biens incorporels constitue un moyen de contrôle *a priori* par un magistrat du siège indépendant.

Cependant il apparaît que le JLD donne son autorisation à la saisie avant même de savoir quels biens feront l'objet d'une telle procédure. La question se pose donc de savoir comment ce magistrat du siège peut contrôler une procédure attentatoire au droit de propriété de la personne poursuivie sans savoir sur quoi portera la saisie.

Cette interrogation trouve sa réponse dans la nouvelle méthodologie d'enquête pratiquée par les enquêteurs de services spécialisés (comme les Groupes d'Interventions Régionaux). Cette méthode issue de la pratique permet de mettre en perspective l'entier patrimoine de la personne poursuivie avant même qu'une perquisition ait eu lieu. Ainsi l'autorisation préalable du JLD sera éclairée par le travail des enquêteurs qui mettront en perspective tous les biens de la personne poursuivie et auront déjà une connaissance approfondie de son patrimoine. Dès lors avant même de procéder à la perquisition, qui est le cadre d'appréhension des biens confiscables[150], les enquêteurs auront déjà une idée des biens qu'ils saisiront. Le JLD saura donc avant même que la saisie ait eu lieu, sur quoi son autorisation portera.

Les enquêteurs auront connaissance des biens de l'individu, de leur disponibilité et sauront avant même d'opérer effectivement la saisie quel fondement appliquer et quelle procédure choisir.

De ce fait, en parallèle des investigations relatives à l'objet initial de l'enquête, l'Officier de Police Judiciaire conduira des investigations patrimoniales afin de pouvoir présenter au JLD et plus largement aux magistrats l'état des biens des personnes poursuivies. Il sera par conséquent réalisé un sous-dossier patrimonial afin de présenter ces éléments.

Le premier travail de l'enquêteur est d'identifier les ressources de l'auteur de l'infraction. Ces investigations se réalisent par le biais de réquisitions adressées aux administrations comme la Direction Départementale des Finances Publiques (DDFiP) par le biais principalement de la Brigade de Contrôle et de Recherches (BCR) pour obtenir la liste des comptes bancaires (Fichier national des Comptes Bancaires et Assimilés), les diverses impositions conditionnées d'une part par les ressources et revenus (Imposition sur les revenus) et d'autre part par la location d'un logement (taxe d'habitation) et la propriété d'un logement (taxe foncière), ou encore aux banques (relevés de comptes, dépôts d'espèces, virements, ...), aux Caisses d'Allocations Familiales (Revenu de Solidarité

---

150 Art. 56 et 76 CPP.

Active, allocations familiales, logements, ...), à l'Union de Recouvrement des cotisations de Sécurité Sociale et d'Allocations Familiales (URSSAF), à Pôle emploi, à la Caisse Primaire d'assurance Maladie, ...

Ensuite des investigations doivent être conduites pour identifier les divers biens apparaissant à l'auteur et notamment auprès du Trésor Public, cadastre et conservation des hypothèques, l'identification des véhicules auprès du Système d'Immatriculation des Véhicules, l'identification des bateaux auprès de la Douane (pour les bateaux de plus de 22 CV ou plus de 7 mètres) et auprès des Affaires maritimes (pour les bateaux de moins de 22 CV ou moins de 7 mètres et les scooters des mers).

Des investigations doivent également être conduites afin de déterminer si l'auteur apparaît dans la gestion de sociétés ou a acquis des biens par l'intermédiaire de sociétés susceptibles de faire écran. Cela s'effectue auprès du Tribunal de Commerce (extraits K, de K-bis, statuts de la société, dépôts des comptes annuels, ...), pour des recherches approfondies, auprès de la Direction Départementale des Finances Publiques (DDFiP) par le biais de la Brigade de Contrôle et de Recherches (BCR) pour les déclarations des entreprises (Service des Impôts des Entreprises).

Il est important d'identifier les dépenses afin de pouvoir situer ce qui est en rapport avec l'infraction et l'éventuelle partie licite. Il faut notamment isoler les loyers et prêts immobiliers, les prêts à la consommation, les dépenses courantes (eau, téléphones, ...), les retraits d'espèces et les assurances.

Une fois ces opérations effectuées, l'analyse de ces éléments permettra de faire un état complet du patrimoine. Cet état des lieux patrimonial permet aux enquêteurs et à l'autorité de poursuite de présenter au JLD l'aperçu des saisies qui seront opérées au cours de la perquisition.

Néanmoins il doit être précisé qu'en présence de biens incorporels, les perquisitions ne seront, généralement, qu'un moyen supplémentaire de découvrir de nouveaux éléments permettant la saisie d'autres biens dissimulés qui n'apparaissent pas dans les premières investigations patrimoniales (assurances sur la vie au nom de tiers, bons aux porteurs, clef de coffre-fort, etc.).

En effet, du fait de l'enquête patrimoniale qui permet d'avoir connaissance du patrimoine de la personne poursuivie, les biens pourront être saisis avant que la perquisition n'ait eu lieu chez l'individu. Cela s'explique par la nature particulière des biens incorporels. Ces biens dématérialisés sont souvent détenus par des tiers, dès lors la saisie s'opérera entre les mains de ces derniers. Il s'agira par exemple d'établissement de crédit pour les comptes de dépôts.

Cependant l'autorisation du JLD ne devra pas exclure l'hypothèse de découverte de biens durant la perquisition chez la personne poursuivie Celle-ci pourra permettre aux enquêteurs de découvrir par exemple des comptes bancaires ouverts au nom d'une autre personne que le poursuivi. Ainsi la perquisition permettra d'appréhender les biens que l'enquête patrimoniale n'aura pas cernés.

Il est à noter que la perquisition pourra également permettre de saisir des numéraires. Ces numéraires faisant l'œuvre d'une saisie pénale de biens corporels ne semblent pas intéresser ce mémoire. Cependant, encore une fois, il s'avère que ces biens, une fois transférés à l'AGRASC feront l'œuvre d'une gestion de biens incorporels en ce qu'ils seront versés sur compte de dépôt. Ainsi les frontières dessinées semblent de nouveau se fragiliser au regard de la transformation de la nature des biens en présence d'un transfert en vue de gestion à l'AGRASC.

Même si la saisie pénale de biens incorporels est encadrée par l'article 706-153 du CPP, les enquêteurs seront toutefois soumis aux exigences des articles régissant les perquisitions dans le cadre d'enquête préliminaire[151] ou de flagrance[152]. En effet les articles 56 alinéa 1[153] et 76 alinéa 1 CPP[154] permettent depuis la loi du 9 juillet 2010[155] que l'OPJ se transporte « en tous lieux dans lesquels sont susceptibles de se trouver des biens dont la confiscation est prévue par l'article 131-21 du code pénal, pour y procéder à une perquisition aux fins de saisie de ces biens ».

Le respect de ces règles ne s'impose que pour des recherches entreprises dans un lieu clos[156].

Ainsi, concernant l'enquête préliminaire, la perquisition nécessitera l'assentiment exprès de la personne chez

---

151 Art. 75 s. CPP.

152 Art. 53 s. CPP.

153 Concernant l'enquête de flagrance.

154 Concernant l'enquête préliminaire.

155 L. n° 2010-768 du 9 juill. 2010, art. 1er.

156 Crim. 12 févr. 2008, n° 07-87.862.

qui l'opération est entreprise[157]. Cet assentiment prenant forme d'une déclaration écrite rédigée de la main de l'intéressé[158].

Cependant le JLD, saisi par requête du procureur de la République, pourra autoriser, par décision écrite et motivée, que la perquisition soit effectuée sans l'assentiment de l'intéressé. Néanmoins cette possibilité est réservée pour les infractions punies d'une peine supérieure ou égale à 5 ans d'emprisonnement[159].

Que la perquisition se déroule dans le cadre d'une enquête préliminaire ou de flagrance, les enquêteurs ne pourront y procéder avant 6 heures et après 21 heures[160].

Toutefois, dans le cadre d'une enquête de flagrance, pour les infractions les plus graves : infractions aux armes, stupéfiants, terrorisme ou de criminalité organisée[161], le JLD pourra rendre une décision écrite et motivée d'autorisation de perquisition et donc de saisie en dehors de ces heures[162]. Il pourra être procédé de la même façon dans le cadre d'une enquête préliminaire à la condition que ces opérations ne concernent pas un local d'habitation[163].

Par ailleurs, il est à noter que l'article 706-142 du CPP permet au procureur de la République ou, avec son auto-

---

157 Art. 76 al. 1 CPP.
158 Art. 76 al. 2 CPP.
159 Art. 76 al. 4 CPP.
160 Art. 59 CPP.
161 Art. 706-73 CPP.
162 Art. 706-89 CPP.
163 Art. 706-90 CPP.

risation, l'OPJ, de requérir le concours de toute personne qualifiée pour accomplir les actes nécessaires à la saisie. Cet article ne prévoit aucune forme à cette autorisation, qui peut donc être donnée oralement, mais à condition que l'OPJ en dresse le procès-verbal.

La saisie pénale des biens incorporels pourra également être ordonnée dans le cadre d'une information judiciaire.

§ 2. La saisie pénale des biens incorporels dans le cadre de l'information judiciaire

La loi du 9 juillet 2010 a, comme pour les enquêtes, adapté les textes relatifs à l'information judiciaire afin de prévoir expressément les perquisitions aux fins de saisie susceptibles de confiscation. En effet l'article 94 du CPP prévoit, depuis cette loi, la possibilité de perquisitionner tous les lieux où peuvent se trouver des objets « ou des biens dont la confiscation est prévue à l'article 131-21 du code pénal ».

Ainsi le juge d'instruction pourra se transporter sur les lieux pour procéder à des perquisitions[164]. Cependant celui-ci agira le plus souvent par voie de commission rogatoire ordonnant à l'OPJ de procéder à la perquisition. Dans la même mesure que pour les enquêtes, l'information judiciaire bénéficiera de l'expertise de la mise en état patrimoniale de l'affaire[165].

---

[164] Art. 92 CPP.

[165] V. Partie 2, Chapitre 1, Section 1, §1.

Cette perquisition sera assujettie aux mêmes contraintes horaires que pour les enquêtes en vertu de l'article 95 du CPP. Toutefois si l'infraction rentre dans le champ d'application de l'article 706-73 CPP (infractions aux armes, stupéfiants, terrorisme ou de criminalité organisée), le juge d'instruction pourra autoriser, en vertu de l'article 706-91 alinéa 1 CPP, les OPJ, agissant sur commission rogatoire, à perquisitionner et procéder à des saisies en dehors des heures prévues à l'article 59 CPP (avant 6 heures et après 21 heures) mais à la condition que ces opérations ne concernent pas les locaux d'habitation.

Mais l'alinéa 2 de l'article 706-91 CPP prévoit, en cas d'urgence, la possibilité de perquisitionner les locaux d'habitation en dehors des heures légales « lorsqu'il s'agit d'un crime ou délit flagrant », « lorsqu'il existe un risque immédiat de disparition des preuves ou des indices matériels » ou enfin « lorsqu'il existe une ou plusieurs raisons plausibles de soupçonner qu'une ou plusieurs personnes se trouvant dans les locaux où la perquisition doit avoir lieu sont en train de commettre des crimes ou délits entrant dans le champ d'application de l'article 706-73. ».

L'article 706-153 alinéa 1 du CPP prévoit la saisie pénale des biens incorporels au cours d'une information judiciaire. Cet article cumule ses effets avec ceux régissant l'information judiciaire[166].

La procédure applicable dans le cadre de l'article 706-153 du CPP a divisé la doctrine. En effet, la qualité d'écriture de cet alinéa 1 de l'article 706-153 CPP a laissé

---

166 Art. 92 s. CPP.

planer un doute quant à la procédure à adopter : « Le juge d'instruction peut, au cours de l'information, ordonner cette saisie dans les mêmes conditions[167] ».

Cette phrase, faisant suite à la procédure à opérer dans le cadre d'une enquête préliminaire ou de flagrance, semble suggérer la nécessité de la réquisition du procureur de la République[168].

Cependant cette analyse paraît erronée compte tenu des acteurs de la saisie.

Lors d'une enquête préliminaire ou de flagrance, l'ordre de saisir revient au procureur de la République. Cependant, cet ordre est subordonné à l'autorisation préalable du JLD. Cette autorisation est due au fait que le procureur de la République n'est pas un magistrat du siège et à la volonté législative de sécuriser les procédures de saisies pénales au regard de la jurisprudence de la Cour Européenne des Droits de l'Homme[169].

Par contre le juge d'instruction, qui est un magistrat du siège, est, de ce fait, dispensé de devoir solliciter l'autorisation du JLD. Ainsi le juge d'instruction agit en toute autonomie et n'a pas à subordonner sa décision à quelconque autorisation ou avis dans le cadre d'une saisie pénale de biens incorporels.

---

[167] Art. 706-153 al. 1 CPP.

[168] Analyse avancée dans E. Camous, Fasc. 20 : Des saisies pénales spéciales – Régimes particuliers, *JCl. Procédure pénale* 2015.

[169] CEDH, Gde ch., 29 mars 2010, Medvedyev c/ France, req. n° 3394/03.

C'est cette lecture[170] que fit la Chambre criminelle de la Cour de cassation dans un arrêt du 18 septembre 2012[171] en décidant que les saisies de sommes inscrites au crédit de comptes bancaires organisées par l'article 706-154 du CPP ne nécessitaient pas l'avis du ministère public.

Cette solution au visa de l'article 706-154 CPP est propre aux saisies pénales de comptes de dépôts. Cet article ne souffrant pas de la même imprécision que l'article 706-153 CPP, il convient néanmoins d'étendre cette solution aux procédures applicables pour tous les biens incorporels et plus largement pour les saisies immobilières.

Toutefois le rayonnement de cette solution à l'article 706-153 CPP est d'autant plus permis que dans trois arrêts non publiés du 28 février 2012[172], la chambre de l'instruction de la cour d'appel de Pau a décidé que « le juge d'instruction n'était pas tenu, au regard des dispositions de l'article 706-153 du Code de procédure pénale, de solliciter l'avis du procureur de la République avant de prendre son ordonnance ». La Chambre criminelle a cassé ces trois arrêts sur un autre motif mais n'a pas re-

[170] Analyse avancée dans L. Ascensi, Saisies spéciales, *Rép. pén.* septembre 2014.

[171] Crim. 18 sept. 2012, n° 12-80.662, Bull. crim. n° 193 ; *JCP* 2013. 360, obs. Maron.

[172] n° 82, 83 et 84.

mis en cause, même si la question ne lui était pas posée, cette interprétation de l'article 706-153 CPP[173].

Cette autonomie du juge d'instruction se dégage surtout à l'examen des modèles d'ordonnances de saisies élaborés par l'AGRASC. Ceux-ci ne prévoient aucunement un visa relatif à l'avis ou à la requête du procureur de la République lorsque l'ordonnance est délivrée à titre de saisie pénale de biens incorporels.

Ainsi, dans le cadre d'une information judiciaire, seul le juge d'instruction prend l'ordonnance de saisie pénale de biens incorporels.

Comme pour la décision du parquet, la décision de saisie pénale du juge d'instruction n'oblige à aucun formalisme. Elle doit viser le fondement juridique prévoyant la saisie, permettre une identification précise du bien faisant l'œuvre de la procédure, ainsi que, le cas échéant, des co-indivisaires pour assurer l'opposabilité de la saisie et permettre l'exercice des voies de recours.

Par ailleurs, l'article 706-142 du CPP permet au juge d'instruction ou, avec son autorisation l'OPJ, de requérir le concours de toute personne qualifiée pour accomplir les actes nécessaires à la saisie. Cet article ne prévoit aucune forme à cette autorisation, qui peut donc être donnée oralement, mais à condition que l'OPJ en dresse le procès-verbal.

[173] Crim. 11 juill. 2012, n° 12-82.050, 12-82.051 et 12-82.082, Bull. crim. n° 168 ; *Dr pénal* 2012. Comm. 138, obs. Maron et Haas ; *AJ pénal* 2012. 661, obs. Pronier.

Section 2. L'exercice de la saisie

La saisie pénale de biens incorporels dispose d'un régime général prévu à l'article 706-153 du Code de procédure pénale (§1). Cependant ce régime général s'avère être insuffisant au regard de certains biens. Ainsi le Code de procédure pénale prévoit des dispositions spécifiques réservées à des biens ou des droits déterminés (§2).

§ 1. Le régime général des saisies pénales des biens incorporels

En vertu de l'article 706-153 alinéa 1 du CPP la décision de saisie pénale de biens incorporels est prise par voie d'ordonnance. Cette ordonnance, peu importe le cadre juridique, ne répond à aucun formalisme obligatoire. Ainsi il n'est pas prévu de mentions particulières à peine de nullité de l'acte. Cette décision a l'avantage d'être exécutoire c'est-à-dire qu'elle est susceptible d'être ramenée à exécution immédiatement. Ceci constitue un avantage considérable en ce que le bien pourra être saisi dès l'instant que l'ordonnance sera réalisée.

Néanmoins, même si elle ne répond à aucun formalisme particulier, la circulaire du 22 décembre 2010[174] préconise de « viser explicitement le fondement juridique prévoyant la saisie » ainsi que, dans le cadre d'une enquête préliminaire ou de flagrance, l'ordonnance du JLD l'ayant autorisée.

---

[174] Circ. du 22 décembre 2010 relative à la présentation des dispositions résultant de la loi n° 2010-768 du 9 juillet 2010 visant à faciliter la saisie et la confiscation en matière pénale, NOR : JUSD1033251C.

De plus elle rappelle que la décision de saisie devra mentionner l'identification précise du bien sur lequel porte la saisie ainsi que, le cas échéant, l'identification de l'ensemble des co-indivisaires le détenant, afin d'assurer l'opposabilité et de permettre l'exercice des voies de recours. Ce bien incorporel devra être suffisamment décrit afin de permettre son identification. Cette description s'avère être importante concernant certains instruments financiers. En effet ceux-ci sont souvent émis par des personnes morales qui les détiennent et qui ne pourront les remettre ou les geler que si ces derniers sont précisément décrits.

La Circulaire précise également que la décision de saisie « est portée à la connaissance des personnes concernées par tout moyen à la diligence du procureur de la République, afin d'en assurer l'efficacité ».

En outre l'article 706-153 alinéa 1 CPP précise que l'ordonnance du JLD devra être motivée. Cette exigence est explicite concernant le JLD mais semble s'étendre à l'ordonnance rendue par le juge d'instruction. En effet l'article 706-153 alinéa 1 CPP ne le mentionne pas mais pareille motivation est exigée pour le JLD et le juge d'instruction à l'article 706-154 alinéa 1 CPP : article relatif à la saisie pénale des comptes de dépôts.

La proximité entre la saisie pénale de biens incorporels et la saisie pénale de comptes de dépôts est telle qu'il paraît légitime d'appliquer la même condition de motivation aux deux protagonistes.

Cela paraît d'autant plus certain que la Chambre criminelle de la Cour de cassation s'est prononcée dans ce sens dans un arrêt en date du 11 décembre 2012[175].

Cette exigence de motivation suppose que le magistrat indique en quoi la peine de confiscation du bien incorporel saisi est encourue. Ainsi il devra être établi dans cette ordonnance le lien existant entre le bien et le fondement de la saisie. Cette rigueur obligera, par exemple, le magistrat à démontrer que les sommes versées au crédit d'un compte bancaire sont le produit de l'infraction.

Cette démonstration sera en réalité facilitée par le travail préalable des enquêteurs. En effet ces derniers, au terme de la mise en état patrimoniale de l'affaire, seront en mesure d'expliquer et donc de prouver ces liens.

Par ailleurs l'ordonnance autorisant la saisie ou l'ordonnant devra être notifiée au ministère public ainsi qu'au propriétaire du bien saisi et aux tiers ayant des droits sur ce bien s'ils sont connus afin de leur permettre de déférer la décision à la chambre de l'instruction[176]. La notification ne conditionne en principe ni la validité ni l'opposabilité de la saisie mais sert à déterminer le point de départ du délai de recours.

En présence d'une « saisie de parts sociales, valeurs mobilières, instruments financiers ou autres biens ou droits incorporels » l'ordonnance devra également être notifiée à la personne émettrice ou, le cas échéant, « à

---

[175] Crim. 11 déc. 2012, n° 11-89.111.

[176] Art. 706-153 al. 2 CPP et V. Partie 2, Chapitre3, Section 2, §1 pour l'appel.

l'intermédiaire financier mentionné aux 2° à 7° de l'article L. 542-1 du code monétaire et financier teneur du compte ainsi qu'à l'intermédiaire inscrit mentionné à l'article L. 228-1 du code de commerce[177] ».

Cette notification à la personne émettrice est due à la particularité des biens incorporels précités. En effet ceux-ci représentent « la contre-valeur d'une somme qui a été affectée à une opération d'investissement[178] ». Dès lors la saisie pénale devra être notifiée à celui qui a émis le titre, par exemple il devra être notifié à une société émettrice de parts sociales, la saisie de ses parts entre les mains de la personne poursuivie.

Cette notification n'est pas complètement encadrée par la loi. En effet les articles 706-153 et 706-156 CPP ne prévoient en aucun cas un délai de notification. Néanmoins la circulaire préconise aux parquets de veiller à la mise en œuvre rapide des mesures de saisies autorisées par le JLD afin d'éviter tout décalage dans le temps entre la notification de l'ordonnance de ce juge et la décision de saisie prise sur son fondement par le procureur, qui serait susceptible d'en remettre en cause l'efficacité.

Enfin la notification de l'ordonnance entraînera les effets liés à cette saisie c'est-à-dire l'indisponibilité du bien ainsi que l'obligation pour le propriétaire d'en assurer l'entretien et la conservation[179].

---

[177] Art. 706-156 CPP.

[178] E. Camous, Fasc. 20 : Des saisies pénales spéciales - Régimes particuliers, *JCl. Procédure pénale* 2015.

[179] V. Partie 2, Chapitre 3, Section 1, §2.

Mais en présence de certains biens incorporels, la saisie se verra appliquer des dispositions particulières.

§ 2. Les dispositions propres à certains biens incorporels

La particularité de certains biens incorporels conduit à l'application d'une procédure dérogatoire au régime général des saisies pénales de biens incorporels afin d'appréhender au mieux le bien. C'est le cas de la saisie de sommes figurant sur des comptes bancaires (A). Cependant le régime général tend à s'appliquer dans toutes les autres hypothèses de biens incorporels. Mais ce régime nécessite des dispositions adaptées à la particularité de ces biens. Ces dispositions spécifiques se manifestent en présence de saisies de créances ayant pour objet une somme d'argent (B), de saisies de créances figurant sur un contrat d'assurance sur la vie (C) mais également concernant la saisie de fonds de commerce (D).

A. La saisie de sommes figurant sur des comptes bancaires

L'article 706-154 CPP prévoit des dispositions dérogatoires pour les saisies pénales de sommes figurant sur des comptes bancaires. En vertu de cet article l'OPJ peut être autorisé, par tout moyen, par le procureur de la République ou le juge d'instruction à procéder à la saisie d'une somme d'argent inscrite au crédit d'un compte bancaire. L'OPJ procédera par voie de réquisition et verra la saisie autorisée postérieurement par tout moyen, c'est-à-dire sans qu'il soit besoin que cette autorisation soit donnée par écrit. Néanmoins il devra mentionner cette autorisation, à peine de nullité, dans le procès-verbal de saisie.

La particularité réside dans le fait que le JLD ou le juge d'instruction ne procéderont à un contrôle qu'*a posteriori* de la saisie. En effet, le JLD, saisi par le procureur de la République, se prononcera par ordonnance motivée sur le maintien ou la main-levée de la saisie dans un délai de dix jours à compter de sa réalisation. De la même façon, le juge d'instruction se prononcera dans un délai de dix jours mais sans avoir à recueillir au préalable l'avis du ministère public[180].

Ce contrôle *a posteriori* n'existait pas lors de la création des saisies spéciales par la loi du 9 juillet 2010 qui est venue consacrer la pratique antérieure des magistrats et des OPJ tout en l'encadrant. Ainsi, l'article 706-154 CPP issu de cette loi exigeait qu'une ordonnance du JLD ou du juge d'instruction soit prise pour que la saisie soit valablement réalisée. Pareille procédure s'est confrontée à la réalité des saisies et a révélé ses limites. En effet, la saisie d'une somme se trouvant au crédit d'un compte bancaire se déroule lors de sa découverte. Il importe donc que la saisie s'opère le plus rapidement possible afin d'éviter de voir les sommes dissipées par la personne poursuivie, l'immatérialité et la volatilité de ces sommes permettant de les retirer ou de les transférer vers un autre compte non-découvert. Dès lors, le temps que l'OPJ informe le magistrat et que celui-ci élabore l'ordonnance, les sommes pouvaient disparaître.

[180] Crim. 18 sept. 2012, n° 12-80.662, Bull. crim. n° 193 ; *JCP* 2013. 360, obs. Maron.

Le législateur est donc intervenu, suite au mécontentement des praticiens ne voyant pas aboutir certaines saisies, par la loi du 14 mars 2011[181].

L'ordonnance prise par le JLD ou le juge d'instruction devra être notifiée au ministère public, au titulaire du compte saisi et s'ils sont connus aux tiers ayant des droits sur ce compte[182].

La saisie opérée par les enquêteurs s'appliquera indifféremment à l'ensemble des sommes inscrites au crédit du compte au moment de la saisie et à concurrence, le cas échéant, du montant indiqué dans la décision de saisie[183]. Ainsi, soit la décision de saisie ne mentionnera aucun montant et la totalité des sommes inscrites au crédit du compte, au moment de la mise en œuvre, seront saisies, soit la décision mentionnera un montant et la saisie ne sera qu'à hauteur de celui-ci.

Cette saisie est souvent appelée à tort « saisie de compte bancaire », ceci constitue un raccourci de langage. Juridiquement il s'agit d'une saisie de sommes inscrites au crédit d'un compte bancaire, ce n'est pas le compte qui est saisi mais les sommes y figurant.

Les sommes saisies sur le compte bancaire seront celles au crédit du compte le jour de l'exécution de la mesure. Ainsi les sommes entrantes ne pourront être appréhendées par cette mesure, il devra être procédé à une autre saisie pour les appréhender.

[181] L. n° 2011-267 du 14 mars 2011.
[182] Art. 706-154 al. 2 CPP.
[183] Art. 706-154 al. 3 CPP.

Il est à souligner que le compte subissant la saisie ne sera pas bloqué par cette dernière. Il continuera de fonctionner normalement malgré la saisie pénale.

Les enquêteurs devront, dans l'optique d'une saisie de sommes inscrites au crédit d'un compte bancaire, établir le solde de ce compte afin de connaître avec précision les sommes disponibles et ne pas procéder à une saisie sur un compte bancaire débiteur.

Ce travail sera réalisé dans le cadre de l'enquête patrimoniale qui permettra d'obtenir les informations utiles pour faire l'état des lieux des différents comptes de personne poursuivie.

Selon l'article 706-154 alinéa 3 CPP, les enquêteurs pourront donc procéder à la saisie de l'intégralité des sommes inscrites au crédit du compte. Cependant les enquêteurs veillent à chaque saisie de laisser une certaine somme au crédit du compte. Cette somme permettra aux opérations en cours sur le compte de se réaliser.

L'article 706-154 CPP vise la « saisie d'une somme d'argent versée sur un compte ouvert auprès d'un établissement habilité par la loi à tenir des comptes de dépôts ». Ainsi cet article permet d'appréhender les sommes inscrites au crédit d'un compte courant ou d'un compte de dépôt ouvert dans un établissement de crédit, c'est-à-dire ouvert auprès d'une personne morale qui effectue à titre de profession habituelle des opérations de banque (au sens de l'article L. 311-1 CMF).

Cependant il convient de procéder à une distinction entre les différents comptes bancaires et de placements.

En effet les comptes assimilables à des comptes de dépôts et donc soumis à l'article 706-154 CPP sont les suivants :

- Compte courant
- Livret « A »
- Livret « B »
- Livret « bleu »
- Livret « jeune »
- Livret d'Épargne Populaire (LEP)
- Livret de Développement Durable (LDD et CODEVI : compte pour le développement industriel)
- Livret bancaire

Ainsi, en présence de tels comptes, le magistrat visera dans sa décision de saisie l'article 706-154 du CPP. Les fonds seront, après saisie, transférés par les enquêteurs à l'AGRASC. Un tel transfert n'est pas expressément prévu par les textes. Cependant celui-ci découle de l'article 706-160 2° du CPP : l'Agence est chargée d'assurer « la gestion centralisée de toutes les sommes saisies lors de procédures pénales ».

Pour ce faire, l'OPJ doit enjoindre à l'établissement de crédit de transférer les sommes saisies à l'AGRASC. Ces sommes sont conservées sur le compte de l'Agence, à la Caisse des Dépôts et des Consignations, si le JLD ou le juge d'instruction maintient la saisie par ordonnance motivée dans le délai de dix jours. Elles seront restituées par l'Agence en cas de main-levée, totale ou partielle, de la saisie par le magistrat par ordonnance de main-levée.

Pour assurer ce transfert de fonds, les OPJ devront être en mesure de fournir à l'établissement de crédit un Relevé d'Identité Bancaire de l'AGRASC. Le magistrat autorisant la saisie devant quant à lui, dans sa décision de maintien de la saisie, enjoindre à l'établissement, si cela n'est pas encore fait, de transférer les fonds.

Un autre régime devra être appliqué aux comptes titres et produits d'épargne.

Les comptes titres et assimilés sont saisis en vertu des articles 706-153 et 706-156 du CPP.

Il s'agit des comptes-titres, des plans d'épargne en actions (PEA) ainsi que des parts d'OPCVM (organismes de placement collectif en valeurs mobilières : Société d'Investissement à Capital Variable et Fonds Communs de Placement) et les comptes à terme (Compte Épargne-Temps).

Malgré leur intitulé, ces comptes ne sont pas soumis à l'article 706-154 du CPP du fait de leur contenu. En effet les sommes versées sur ces produits financiers perdent la nature de sommes d'argent comme étant investies en titres divers. Ces comptes ne sont donc pas constitués de sommes d'argents, or l'article 706-154 CPP ne prévoit la saisie que « d'une somme d'argent versée sur un compte ». Ces comptes titres, étant constitués d'actions, de parts ou d'obligations, seront donc soumis au régime des articles 706-153 et 706-156 CPP.

Ainsi la saisie de ces comptes titres sera notifiée au teneur de compte et aux personnes émettrices qui conserveront le compte. Par exemple la notification se fera, en plus de la personne poursuivie, à la société émettrice en présence d'actions.

Enfin il convient de distinguer les produits d'épargne des autres types de comptes. Cette catégorie se compose de :

–Compte épargne logement (CEL)

–Plan d'épargne logement (PEL)

–Plan d'épargne populaire (PEP)

–Plan d'épargne retraite populaire (PERP)

–Plan d'épargne retraite collectif (PERCO)

Ces produits posent problème. En effet il est certain que ces comptes sont des droits incorporels et sont donc susceptibles d'être saisis sur le fondement des articles 706-153 et 706-156 du CPP.

Néanmoins étant des comptes il est légitime de se demander s'ils ne sont pas soumis à l'article 706-154 du CPP. L'inconvénient, en présence de tels produits, de la procédure de saisie des sommes d'argents versées sur un compte est que cette saisie entraîne le transfert des sommes vers le compte de l'AGRASC. Or, comme pour l'assurance sur la vie, le transfert des sommes aurait des conséquences indésirables, car opérer une saisie sur le fondement de l'article 706-154 CPP entraînera une rupture du contrat et de ce fait, fera perdre tous ses droits à la personne titulaire du compte. Ainsi ce dernier pourrait engager la responsabilité du service public de la justice en l'absence de confiscation des sommes saisies.

Cette responsabilité s'explique par les intérêts que produisent ces comptes. Opérer un transfert des sommes vers le compte de l'Agence mettrait fin à la production d'intérêts et ferait, *de facto*, perdre de l'argent à la personne titulaire en cas de restitution ou à la Justice car celle-ci au regard de sa célérité aurait pu voir les sommes saisies fructifier.

Dès lors, en présence de produits d'épargne, les sommes sont saisies en vertu des articles 706-153 et 706-156 du CPP sans demander leur transfert à l'AGRASC.

Ainsi le contrat continuera à fonctionner et à produire ses effets mais les sommes saisies seront conservées sur les comptes sous la garde des établissements bancaires jusqu'au jugement et à la décision ou non de confiscation.

B. La saisie de créances ayant pour objet une somme d'argent

L'article 706-155 alinéa 1 du CPP vient préciser le régime applicable aux saisies de créances de sommes d'argent. Ces dispositions spécifiques ne constituent pas un régime dérogatoire aux dispositions générales de l'article 706-153 du CPP, dès lors, en présence d'une créance de somme d'argent, il convient de viser les articles 706-153 et 706-155 du CPP.

Cette saisie pénale de créance incorporelle de somme d'argent permet d'appréhender, entre les mains d'un tiers, le débiteur, le montant de la dette qu'il doit à celui qui fait l'objet de la saisie.

Ainsi en plus de la procédure applicable au régime général des saisies pénales de biens incorporels, la loi prévoit l'obligation pour le débiteur saisi de consigner immédiatement la somme à la Caisse des dépôts et consignations ou auprès de l'AGRASC[184]. La consignation doit être effectuée « sans délai[185] » c'est-à-dire dès la notification de la saisie au débiteur de la créance.

Cette paralysie du paiement se produit principalement pour des créances de loyers ou encore de prêt.

Néanmoins cet article prévoit l'hypothèse de créances conditionnelles, quand celles-ci dépendent « d'un événement futur et incertain[186] » ou à terme, c'est-à-dire dont l'exécution est retardée[187]. En présence de telles créances, l'obligation de consignation est reportée à la date d'exigibilité de l'obligation.

Cette distinction est essentielle afin de ne pas nuire aux intérêts du tiers débiteur. Celui-ci ne pouvant consigner des fonds dont il n'est pas encore juridiquement tenu. La créance n'a donc pas à être rompue avant la réalisation de la condition ou l'arrivée du terme.

Dans tous les cas la notification de la saisie au débiteur est essentielle, car sans elle, la somme d'argent sera versée entre les mains du créancier. Cette notification au débiteur de la saisie pénale permet donc que les sommes soient dûment consignées.

Il est à souligner que cet alinéa 1 de l'article 706-155 du CPP est seulement applicable aux créances ayant pour objet une somme d'argent. Ainsi le champ d'application de ces dispositions est retreint du fait de cette précision.

---

[184] Art. 706-155 al. 1 CPP.

[185] Préc.

[186] Art. 1168 C. civ.

[187] Art. 1185 C. civ.

Cette restriction peut s'avérer dommageable au vu de l'évolution permanente des biens incorporels. Ainsi il peut être imaginé une créance de prêt de Bitcoins. Ce prêt est soumis aux articles 706-153 et 706-156 du CPP. L'article 706-155 alinéa 1 du CPP ne s'appliquant pas car limité aux créances de sommes d'argent, or il s'avère être le plus pertinent au vu de la spécificité de sa procédure : notification au débiteur de la créance afin d'empêcher toute exécution « normale » du contrat.

C. La saisie de créances figurant sur un contrat d'assurance sur la vie

Le mécanisme du contrat de l'assurance sur la vie repose « sur un transfert définitif de la propriété des primes et cotisations versées par le souscripteur au bénéfice de l'organisme gestionnaire, en contrepartie de l'obligation pour ce dernier de verser la prestation prévue au contrat au moment de la réalisation de l'événement (vie ou décès du souscripteur selon le cas[188]) ». Cette saisie porte donc sur les contrats d'assurance-vie et d'assurance-décès.

L'assurance-décès s'attache au décès du souscripteur, à compter duquel l'assureur s'engage, en échange de primes, à verser aux bénéficiaires une certaine somme dont l'assuré s'est acquitté.

L'assurance-vie s'analyse au regard de la survie du souscripteur, qui prévoit la libération de la somme à une

[188] Circ. du 23 janvier 2014 relative à la présentation de la loi n° 2013-1117 en date du 6 décembre 2013 relative à la lutte contre la fraude fiscale et la grande délinquance économique et financière, NOR : JUSD1402112C.

date future et déterminée, si ce dernier est toujours en vie.

Les assurances sur la vie constituent un moyen de blanchiment pour les délinquants. En effet les fonds placés sur un tel contrat n'appartiennent plus à celui-ci. De ce fait la saisie s'avère délicate. C'est pour cela que ce mode d'investissement est utilisé par les délinquants les plus désireux de dissiper leur patrimoine.

La loi du 9 juillet 2010[189] a donc instauré une procédure spécifique à la saisie pénale des créances figurant sur un contrat d'assurance sur la vie. Cette procédure prévue à l'article 706-155 alinéa 2 du CPP est la seule applicable en présence de pareilles créances. Ainsi la Chambre criminelle de la Cour de cassation a considéré qu'une cour d'appel ne peut ordonner la saisie de sommes placées sur des comptes d'assurance sur la vie sur le fondement de l'article 706-153 du CPP, qui ne peut qu'entraîner la suspension des facultés de rachat, de renonciation et de nantissement de ce contrat, ainsi que l'interdiction de toute acceptation postérieure du bénéfice dudit contrat (art. 706-155 al. 2 CPP)[190].

Il semble donc que les dispositions de l'article 706-155 alinéa 2 du CPP s'appliquent de « façon exclusive, aux contrats d'assurance sur la vie ».

Cependant cette solution ne suppose pas forcément le non-cumul des spécificités propres aux créances figurant sur un contrat d'assurance sur la vie avec le régime géné-

---

[189] Circ. du 22 décembre 2010.

[190] Crim. 30 oct. 2012, n° 12-84.961, Bull. crim. n° 229.

ral de l'article 706-153 CPP. En effet la Haute juridiction a fait prévaloir le principe général *specialia generalibus derogant*, adage latin signifiant que l'application d'une règle spéciale doit être préférée à celle d'une règle générale. Ainsi l'article 706-155 alinéa 2 du CPP serait appliqué car propre aux contrats d'assurance sur la vie.

Néanmoins les dispositions de l'article 706-153 CPP ne peuvent être exclues car ce texte organise les conditions procédurales et de fond de la saisie pénale de biens incorporels. L'article 706-155 alinéa 2 CPP, quant à lui, est muet à ce propos.

L'exclusivité évoquée dans l'arrêt de la Chambre criminelle du 30 octobre 2012 ne semble donc pas porter sur les conditions de la saisie mais sur les effets de celle-ci. Ainsi la saisie de ce type de créance doit être ordonnée dans les conditions de l'article 706-153 CPP[191] mais les effets produits sont ceux de l'article 706-155 alinéa 2 CPP.

Il apparaît donc que l'article 706-155 alinéa 2 du CPP se cumule avec l'article 706-153 CPP concernant la saisie pénale de créances figurant sur un contrat d'assurance sur la vie. La décision de saisie doit donc évoquer ces deux articles.

L'article 706-155 alinéa 2 du CPP envisage la notification de cette saisie portant sur des assurances sur la vie. Celle-ci doit être notifiée au souscripteur ainsi qu'à

[191] V. Annexes IX et X pour un modèle de requête aux fins d'autorisation de saisie pénale d'une créance figurant sur un contrat d'assurance vie et la décision de cette saisie dans le cadre d'une enquête préliminaire ou de flagrance.

l'assureur ou à l'organisme auprès duquel le contrat a été souscrit.

Cette notification s'ajoute à celle prévue à l'article 706-153 alinéa 2 du CPP. En effet, comme toutes les saisies pénales de biens incorporels, elle doit être notifiée au ministère public, au propriétaire du bien ainsi qu'aux ayants droits. De ce fait la saisie se doit d'être notifiée aux bénéficiaires du contrat.

La notification en présence de créance figurant sur un contrat d'assurance sur la vie a un rôle très important. En effet cette mesure doit être exécutée dans les plus brefs délais si les autorités d'enquête et de poursuite veulent voir aboutir la saisie.

La notification constitue le point de départ des effets de la saisie. Ainsi en l'absence d'une telle mesure, la suspension des facultés de rachat, de renonciation et de nantissement ainsi que l'interdiction d'accepter le bénéfice du contrat et de consentir des avances ne peuvent être opposés aux protagonistes. De ce fait l'assurance sur la vie pourra se voir dissiper de ses fonds et la saisie pénale n'aura plus aucune effectivité.

L'article 706-155 alinéa 2 CPP permet donc cette saisie, qui entraîne « la suspension des facultés de rachat, de renonciation et de nantissement de ce contrat » dans l'attente d'un jugement définitif au fond.

Le rachat ne peut donc plus s'opérer par le souscripteur. Il ne peut pas recouvrer le montant de sa créance. Cet effet suspensif concerne les assurances-vie-entière, les assurances à terme fixe et les assurances mixtes. Cette faculté de rachat est reconnue comme un droit du souscripteur par l'article L. 132-21 du Code des assurances[192].

De la même façon, la saisie pénale empêche toute renonciation du souscripteur au contrat d'assurance sur la vie, possibilité offerte à l'article L. 132-5-1 du Code des assurances[193].

En effet, voyant la saisie poindre, la personne poursuivie peut envisager de renoncer au contrat d'assurance sur la vie ou de le racheter, avant la notification de la saisie de ce dernier, afin de conserver son patrimoine. L'article 706-155 alinéa 2 permet de contrecarrer une telle hypothèse en suspendant toute demande de renonciation ou de rachat du contrat.

Enfin cet article prévoit la suspension de la faculté de nantissement du contrat. Cette sûreté propre aux biens incorporels permet la mobilisation, à des fins de crédit, de l'épargne qu'il constitue pour le souscripteur. La suspension d'une telle faculté permet d'empêcher à la personne poursuivie de bénéficier d'une nouvelle surface financière malgré la saisie.

---

[192] Art. L. 132-21 al. 3 C. assur. : « En cas de demande de rachat du contrat par le contractant, l'entreprise d'assurance ou de capitalisation lui verse la valeur de rachat du contrat dans un délai qui ne peut excéder deux mois. »

[193] « Toute personne physique qui a signé une proposition ou un contrat d'assurance sur la vie ou de capitalisation a la faculté d'y renoncer par lettre recommandée avec demande d'avis de réception pendant le délai de trente jours calendaires révolus à compter du moment où elle est informée que le contrat est conclu. »

Dans toutes ces hypothèses d'effets suspensifs du contrat, les autorités d'enquête et de poursuite doivent agir avec célérité. L'efficacité de la suspension de ces différentes facultés dépend de la date de la notification. En effet la suspension ne sera effective qu'à la date à laquelle la notification de l'assureur est intervenue. Ainsi, si la notification à l'assureur n'est pas effectuée, celui-ci pourra libérer les fonds à la demande du souscripteur.

L'alinéa 2 de l'article 706-155 du CPP prévoit également l'interdiction de « toute acceptation postérieure du bénéfice du contrat dans l'attente » du jugement. L'assureur ne pouvant plus consentir d'avances au contractant.

Cette acceptation du contrat est prévue à l'article L. 132-9 du Code des assurances[194]. Ainsi, à partir du moment où la saisie a été notifiée à l'assureur et au bénéficiaire, la mesure conservatoire paralyse tout droit immédiat et direct au profit du bénéficiaire.

De la même façon la saisie pénale des créances figurant sur un contrat d'assurance sur la vie empêche la possibilité pour l'assureur de consentir des avances au contrat dans la limite de la valeur de rachat[195].

Que l'interdiction porte sur l'acceptation ou l'avance au contrat, la saisie pénale doit être notifiée dans les plus brefs délais. En effet si l'acceptation du contrat intervient avant que la saisie soit notifiée au bénéficiaire et à l'assureur alors les fonds pourront être libérés et la saisie ne

---

[194] Art. L. 132-9 I. C. assur. : « la stipulation en vertu de laquelle le bénéfice de l'assurance est attribué à un bénéficiaire déterminé devient irrévocable par l'acceptation de celui-ci ».

[195] Possibilité offerte à l'art. L. 132-21 al. 2 C. assur.

produira pas ses effets sur ces sommes. Ce devoir de célérité se manifeste également en présence d'avances au contrat.

La saisie de créances figurant sur un contrat d'assurance sur la vie ne suppose pas que les sommes soient consignées auprès de la Caisse des dépôts et consignations ou auprès de l'AGRASC. Cette saisie prévoit seulement le gel du contrat entre les mains de l'assureur, sans transfert à l'AGRASC, dans l'attente du jugement définitif au fond ou d'une décision préalable de mainlevée.

Ainsi cette saisie ne permet pas l'appréhension immédiate des sommes placées mais seulement le gel de celles-ci pendant l'enquête et jusqu'à une décision sur le fond.

L'article 706-155 alinéa 2 du CPP ne prévoit pas la possibilité de ne saisir qu'une partie des créances figurant sur un contrat d'assurance sur la vie. Par exemple, une saisie pénale s'opère à hauteur de 50 000 euros. Le patrimoine de la personne poursuivie est seulement composé d'une assurance-vie de 100 000 euros. La saisie ne peut porter que sur la totalité du contrat valorisé à 100 000 euros car l'article 706-155 alinéa 2 CPP ne permet pas, contrairement aux saisies de sommes d'argent versées au crédit d'un compte bancaire (art. 706-154 CPP), de procéder à une saisie à hauteur du montant indiqué dans la décision. Le juge restera maître du montant de la confiscation sur cette créance.

Cette solution s'avère être disproportionnée mais se justifie au regard de la nature des saisies pénales. En effet la saisie est avant tout une mesure conservatoire qui permet d'assurer l'effectivité de la peine de confiscation.

Ainsi cette disproportion n'est que provisoire et s'éteindra lors du jugement au fond, qui prononcera la confiscation à hauteur du produit de l'infraction ou la restitution du bien saisi.

La loi du 6 décembre 2013 relative à la lutte contre la fraude fiscale et la grande délinquance économique et financière[196] a mis fin à une incertitude sur le sort des contrats d'assurance sur la vie en cas de confiscation définitive. En effet avant cette loi, la confiscation du contrat n'entraînait pas résolution de celui-ci, de ce fait, l'État devait attendre la réalisation de l'événement (vie ou décès du souscripteur) afin de récupérer les fonds.

Désormais, grâce à cette loi, le code des assurances[197], le code de la mutualité[198] et le code de la sécurité sociale[199] prévoient que la décision définitive de confiscation prononcée par une juridiction pénale entraîne de plein droit la résolution judiciaire du contrat d'assurance sur la vie et le transfert des fonds confisqués à l'État.

L'article 706-155 alinéa 2 du CPP est restreint quant à son champ d'application dans le sens où il n'est utilisable que pour les créances figurant sur un contrat d'assurance sur la vie. Or certains droits incorporels ressemblent fortement à ces assurances mais ne peuvent en épouser le régime du fait de la précision du législateur. En effet la retraite complémentaire, qui est une retraite qui complète la retraite de base de la Caisse Nationale Vieillesse

---

196 L. n° 2013-1117.

197 Art. L. 160-9 C. assur.

198 Art. L. 223-29 C. mut.

199 Art. L. 932-23-2 C. sec. soc.

des salariés ou de la Mutualité Sociale Agricole (MSA), a un profil similaire à celui des assurances sur la vie.

Ce complément de retraite ne peut être saisi comme une assurance sur la vie, alors même que les créances de ce dernier sont versées auprès d'un assureur et sont vouées à toucher un bénéficiaire lors de la réalisation d'un événement.

Les retraites complémentaires ne peuvent pas non plus être saisies en vertu de l'article 706-155 alinéa 1 du CPP relatif aux saisies de créances ayant pour objet une somme d'argent car pareille saisie suppose la consignation sans délai des sommes. Or les retraites complémentaires produisent des intérêts et de ce fait ne peuvent être transférées sous peine de les perdre. Ainsi les retraites complémentaires subiront la procédure applicable aux articles 706-153 et 706-156 du CPP avec le risque de voir les sommes disparaître, faute au législateur de n'avoir pas prévu, comme pour les assurances sur la vie de possibilité de suspendre les facultés de rachat et de nantissement ainsi que des avances au contrat ou l'acceptation du bénéfice du contrat.

D. La saisie de fonds de commerce

L'article 706-157 du CPP prévoit des dispositions spécifiques concernant la saisie de fonds de commerce. En effet ce bien incorporel est un moyen de placement attractif pour les délinquants car celui-ci s'avère être productif.

Ainsi, en plus des règles générales applicables à la saisie pénale de biens incorporels (art. 706-153 CPP), la saisie de fonds de commerce nécessite, pour être opposable aux tiers, l'inscription « sur le registre des nantissements tenu au greffe du tribunal de commerce du lieu de situation du fonds[200] ».

Cette inscription au registre des nantissements permet de rendre indisponible le bien afin d'empêcher la personne poursuivie d'en disposer. Elle ne signifie nullement que la saisie partage le régime juridique de cette sûreté.

Cependant, en plus de cette formalité textuelle, l'AGRASC prévoit dans ses modèles de trame[201] de porter une mention au registre du commerce et des sociétés. Cette modalité, issue de la pratique, est le fruit d'une concertation entre greffiers des tribunaux de commerce et l'AGRASC. Elle n'est pas obligatoire mais s'avère essentielle afin de respecter l'obligation d'information des tiers.

Cette inscription au RCS permet de bloquer toute tentative de la personne poursuivie de récupérer des fonds sur le bien saisi. Ainsi cette formalité supplémentaire empêche, par exemple, le délinquant de mettre en location-gérance son fonds. En effet ce contrat, par lequel l'exploitant d'un fonds de commerce concède à un commerçant dit le « gérant » le droit d'administrer son fonds, suppose publicité au RCS. Or la saisie étant inscrite à ce registre, la location-gérance ne peut aboutir.

---

[200] Art. 706-157 CPP.

[201] V. Annexe XI : modèle AGRASC d'ordonnance de saisie pénale d'un fonds de commerce dans le cadre d'une information judiciaire.

La décision de saisie d'un fonds de commerce repose donc sur les articles 706-153 et 706-157 du CPP.

La saisie pénale d'un fonds de commerce suppose la poursuite de l'activité de celui-ci, à condition que cette activité soit légale. En effet l'arrêt de l'activité d'un fonds saisi reviendrait à pénaliser des tiers étrangers à l'infraction. Par exemple imaginons un salon de coiffure. Le fonds de commerce fait l'œuvre d'une procédure de saisie pénale en vertu des articles 706-153 et 706-157 du CPP pour fraude fiscale[202]. Si la saisie supposait l'arrêt de l'activité, alors les salariés de ce fonds perdraient leur emploi. Poursuivre l'activité en toute légalité, par contre, permet la continuité de l'activité économique et donc de ne pas atteindre les droits des tiers.

Par ailleurs il apparaît qu'une telle saisie s'apparente à une saisie sans dépossession. En effet cette saisie définie à l'article 706-158 du CPP est un moyen de saisir un bien sans que la personne entre les mains de laquelle il se trouve n'en soit dépossédée. Ainsi le propriétaire du fonds de commerce continue son activité et perçoit le fruit de son fonds sauf à ce que celui-ci fasse l'objet d'une saisie pénale.

La mise en œuvre de la saisie pénale des biens incorporels suppose donc de différencier les différents cadres juridiques. Ensuite, il convient d'appliquer, en fonction de ce dernier, la procédure idoine. Enfin, la nature juridique précise du bien doit être prise en compte afin d'appliquer la procédure se rapportant à ce bien.

---

202 Art. 1741 CGI.

Chapitre 2. Le concours de saisies

La saisie pénale de biens incorporels est subordonnée à la nature du bien dont la saisie est envisagée. Cependant toutes les saisies ne s'appréhendent pas de cette façon. De ce fait des saisies pourront rentrer en concours. Ce sera le cas de la saisie de patrimoine, qui pourra servir de fondement à la saisie pénale de biens incorporels (Section1), ou encore de la saisie en valeur, qui permettra d'étendre le champ d'application de cette saisie spéciale (Section 2).

Section 1. La saisie de patrimoine : fondement possible de la saisie pénale des biens incorporels

Les saisies de patrimoine sont prévues au Chapitre II du titre vingt-neuvième du Code de procédure pénale. Elles correspondent à la saisie de biens susceptibles de confiscation en application des alinéas 5 et 6 de l'article 131-21 du Code pénal. Ces saisies spéciales peuvent servir de fondement aux saisies pénales de biens incorporels. Dès lors, il convient d'étudier la particularité de leur régime (§1) avant d'analyser les modalités du concours de ces saisies (§2).

§ 1. Une saisie spécifique

La saisie de patrimoine est régie par l'article 706-148 du CPP. Cette procédure spécifique ne s'applique pas en fonction de la nature du bien devant être appréhendé, mais est relative au champ de la saisie pénale. En effet les saisies élargies ne sont utilisées que lorsque la mesure est fondée sur l'article 131-21 alinéa 5 ou 6 du CP[203].

L'article 706-148 du CPP reprend les conditions de ces alinéas 5 et 6. Ainsi, pour opérer une saisie sur ce fondement, il est nécessaire d'être en présence d'une infraction punie d'au moins cinq ans d'emprisonnement. De plus, il faut que la loi, qui réprime le crime ou le délit, prévoit cette saisie de patrimoine[204] ou que l'origine des biens, devant être saisis, ne puisse être établie[205].

Comme pour les saisies pénales de biens incorporels, la décision de saisie est prise par le procureur de la République, après autorisation du JLD, ou par le juge d'instruction, selon la même forme.

Ainsi il convient, comme pour l'article 706-153 du CPP, de distinguer le cadre juridique dans lequel s'opère la saisie.

Dans le cadre d'une enquête préliminaire ou de flagrance, la procédure applicable sera la même que celle de l'article 706-153 du CPP[206].

[203] V. Partie 1, Chapitre 1, Section 1.
[204] Art. 131-21 al. 6 CP.
[205] Art. 131-21 al. 5 CP.
[206] V. Partie 2, Chapitre 1, Section 1, §1.

Cependant la saisie de patrimoine se distingue de la procédure applicable à la saisie pénale de biens incorporels dans le cadre de l'information judiciaire.

En effet, lorsque la saisie est ordonnée par le juge d'instruction, la décision doit être prise soit sur requête du procureur de la République soit d'office après avis du ministère public[207]. Le juge d'instruction ne peut donc pas ordonner la saisie d'un bien sur le fondement de l'article 706-148 du CPP sans avoir préalablement recueilli l'avis du procureur de la République par ordonnance de « soit-communiqué », ou sans avoir reçu de requête spontanée du parquet.

Cette condition de forme, propre à l'information judiciaire, dans le cadre d'une saisie élargie, se doit d'être respectée au risque de voir prononcer la nullité de la saisie.

La Chambre criminelle de la Cour de cassation a rappelé l'importance de cette condition dans plusieurs arrêts[208].

Subordonner la validité d'une procédure à un simple avis peut paraître disproportionné. Cependant la Cour de cassation ne permet pas de déroger à ce régime juridique plus strict, dû à la nature plus attentatoire de cette saisie. En effet, la Haute juridiction considère que lors-

---

207 Art. 706-148 CPP.

208 Crim. 11 juill. 2012, n° 12-82.050, 12-82.051 et 12-82.052, Bull. crim. n° 168 ; *Dr. Pénal* 2012. Comm. 138, obs. Maron et Haas ; *AJ pénal* 2012. 661, obs. Pronier – Crim. 18 sept. 2012, n° 12-82.759, Bull. crim. n° 192 ; *JCP* 2013. 360, obs. Maron. - Crim. 27 nov. 2012, n° 12-85.344, Bull. crim. n° 259 ; *JCP* 2013. 360, obs. Maron.

qu'il a été procédé, par un juge d'instruction, à une autre saisie que celle fondée sur l'article 131-21 alinéa 5 ou 6 du CP, il est impossible de valablement requalifier la mesure en saisie de patrimoine si l'avis préalable du procureur de la République n'a pas été recueilli[209].

De ce fait une saisie du produit de l'infraction fondée sur l'article 131-21 alinéa 3 du CP ne pourra pas être requalifiée en saisie de patrimoine fondée sur l'article 131-21 alinéa 5 ou 6 du même code en l'absence du recueil préalable de l'avis du parquet.

Néanmoins la Chambre criminelle de la Cour de cassation a considéré qu'il était possible de régulièrement substituer l'alinéa 6 à l'alinéa 5 de l'article 131-21 du CP comme fondement de la saisie sans que le prévenu ait été mis en demeure de présenter sa défense sur ce nouveau fondement[210].

Par conséquent il est conseillé, dans le cadre d'une information judiciaire, de recueillir systématiquement l'avis du parquet avant toute saisie afin de ne pas risquer la nullité de l'acte en cas de requalification de la mesure de saisie.

Toutefois, il est à préciser que, en principe, l'article 706-148 du CPP ne s'applique que pour des éléments qui ne sont pas susceptibles d'être saisis sur un autre fondement juridique[211].

---

[209] Crim. 27 nov. 2012, préc.

[210] Crim. 18 sept. 2012, n° 12-82.759 : JurisData n° 2012-020803.

[211] V. Partie 1, Chapitre 1, Section 2, §1 sur la subsidiarité.

Comme pour la saisie pénale de biens incorporels l'ordonnance de saisie patrimoniale est notifiée « au ministère public, au propriétaire du bien saisi et, s'ils sont connus, aux tiers ayant des droits sur ce bien[212] ».

La procédure relative aux saisies de patrimoine étant désormais étudiée, il convient d'analyser le cumul de ce régime avec celui propre aux biens incorporels.

§ 2. Un cumul de procédures

L'article 706-149 du CPP prévoit l'application conjointe de la procédure de saisie de patrimoine avec « les règles propres à certains types de biens ». Ainsi, la procédure de saisie pénale des biens incorporels, en cas d'appréhension fondée sur l'article 706-148 du CPP, entre en concours avec la saisie de patrimoine. Cet article joue un rôle important en ce qu'il coordonne les procédures de saisies spéciales.

Dès lors, si la saisie de patrimoine porte sur un bien dont la saisie est soumise à la procédure applicable aux biens incorporels, les règles propres à la saisie de ces biens s'appliquent, à l'exclusion de celles relatives à la décision de saisie.

Cette particularité est due à la différence entre les critères d'application de ces saisies. En effet la saisie de patrimoine tient au fondement juridique de la saisie alors que la saisie pénale de biens incorporels tient à la nature du bien envisagé.

---

[212] Art. 706-148 al. 2 CPP.

Un exemple permet de mieux comprendre le sens de cet article de coordination des procédures. Admettons un délit de blanchiment[213]. Ce délit encourt la peine de confiscation générale de l'article 131-21 alinéa 6 du CP[214]. Donc l'entier patrimoine de la personne poursuivie est susceptible d'être saisi en vertu de cet article.

Imaginons que durant la perquisition du domicile de cette personne, il soit découvert des relevés de comptes bancaires. Ces comptes, ne présentant aucun lien avec l'infraction, sont saisis par l'autorité d'enquête et de poursuite.

La question se pose donc de savoir quelle procédure adopter. En effet l'appréhension du bien s'opère dans le cadre d'une saisie de patrimoine, donc l'article 706-148 du CPP doit s'appliquer. Mais il s'agit de comptes bancaires et de ce fait l'article 706-154 du CPP doit être mis en œuvre.

En pareille situation, l'article 706-149 du CPP permet de saisir les sommes d'argent versées sur ces comptes bancaires sur le fondement des articles 131-21 alinéa 5 du CP, 706-148 et 706-154 du CPP.

Cependant, une distinction s'opère entre les règles applicables à la décision de saisie et celles relatives au régime juridique de cette dernière. La décision de saisie doit être conforme aux dispositions de l'article 706-148 du CPP régissant la saisie de patrimoine, alors que, les règles relatives aux saisies de sommes d'argent versées sur

[213] Art. 324-1 CP.
[214] Art. 324-7 CP.

un compte bancaire de l'article 706-154 du CPP s'appliqueront pour le reste de la procédure.

Il apparaît donc un concours de saisie scindant la procédure en deux phases distinctes mais complémentaires, au lieu d'une prévalence d'une procédure sur l'autre.

Par conséquent, en reprenant le même exemple, dans le cadre d'une information judiciaire, le juge d'instruction devra, au préalable, recueillir l'avis du ministère public (application des dispositions de l'article 706-148 du CPP) avant d'ordonner la saisie des sommes d'argent versées au crédit des comptes bancaires, mais le régime juridique de la saisie sera celui de l'article 706-154 du CPP[215].

Dans le cadre d'une enquête préliminaire ou de flagrance, il n'y aura aucun changement par rapport à une saisie pénale des biens incorporels « classique ». La décision mentionnera seulement un fondement supplémentaire.

La saisie pénale des biens incorporels peut également entrer en concours avec la saisie en valeur.

[215] V. Partie 2, Chapitre 1, Section 2, §2, A/

Section 2. La saisie en valeur, extension du champ d'application de la saisie pénale des biens incorporels

La saisie en valeur est une procédure permettant l'appréhension d'un bien qui n'entretient aucun lien avec l'infraction. Cette saisie n'a pas de régime propre, elle s'applique en fonction de la nature du bien considéré (§1). La saisie par équivalence est donc considérée comme une modalité de saisie. Elle permet d'étendre le champ d'application des saisies pénales de biens incorporels (§2).

§ 1. Une procédure dépourvue de régime propre

La saisie en valeur trouve son fondement dans l'article 131-21 alinéa 9 du Code pénal[216]. La loi du 27 mars 2012 a créé, au Titre vingt-neuvième du Code de procédure pénale relatif aux saisies spéciales, l'article 706-141-1 permettant d'ordonner la réalisation de la saisie en valeur. Cet article précise que « les règles propres à certains types de biens prévues aux chapitres III et IV du présent Titre s'appliquent aux biens sur lesquels la saisie en valeur s'exécute[217] ». Le régime applicable aux saisies pénales de biens incorporels se situant au Chapitre IV du Titre vingt-neuvième, il pourra être procédé à une saisie en valeur en vertu des règles propres aux biens incorporels.

Il apparaît donc que cette saisie par équivalence ne bénéficie pas d'un régime qui lui est propre, mais s'exécute

[216] V. Partie 1, Chapitre 1, Section 1, §2, B/.
[217] Art. 706-141-1 CPP.

à raison de la procédure applicable au bien devant être saisi. En effet, la saisie en valeur n'est qu'une modalité d'exécution de la saisie en ce qu'elle permet d'appréhender un bien dépourvu de tout lien avec l'infraction mais en vertu du régime applicable à ce bien. Par conséquent, en présence d'un bien incorporel, la saisie en valeur s'effectuera via la procédure applicable aux biens incorporels c'est-à-dire à travers les articles 706-153 à 706-157 du Code de procédure pénale[218].

Ainsi, admettons une infraction de fraude fiscale[219]. Cette fraude a permis à la personne poursuivie d'acheter un navire coûtant la modique somme de 500 000 euros. L'autorité d'enquête et de poursuite, ne voulant saisir un bateau qui se déprécie, et qui nécessite entretien et stockage, décide de procéder à une saisie en valeur à hauteur de cette somme. Il se trouve que la personne poursuivie détient une telle somme sur un compte bancaire. Donc il sera procédé à la saisie de cette somme sur le compte bancaire de la personne poursuivie en lieu et place du navire.

Il s'agit de procéder à une saisie en valeur d'un compte bancaire. S'agissant d'une saisie en valeur, l'autorité d'enquête et de poursuite doit donc fonder sa décision de saisie sur les articles 131-21 alinéa 9 du Code pénal, et 706-754 du Code de procédure pénale, car le bien faisant l'œuvre de la procédure est un compte bancaire.

---

218 L'article applicable étant selon le type de bien incorporel envisagé.

219 Art. 1741 CGI.

Par conséquent la saisie s'exécutera à raison du régime applicable aux saisies pénales de sommes d'argent versées au crédit d'un compte bancaire[220].

De manière générale, en présence d'une saisie en valeur, le régime applicable sera celui de la nature du bien envisagé. Cette saisie permet donc d'étendre le champ d'application d'autres saisies pénales.

§ 2. Une extension du champ des saisies pénales des biens incorporels

La saisie en valeur constitue une extension du champ d'application des saisies pénales de biens incorporels. En effet, en plus des hypothèses de saisie pénale de biens incorporels de l'instrument ou du produit de l'infraction ou encore dans le cadre de saisie de patrimoine, l'article 706-153 du Code de procédure pénale s'appliquera en présence d'un bien incorporel devant être saisi par équivalence. De la même façon en présence d'un compte bancaire saisi en valeur, l'article 706-154 du Code de procédure pénale s'appliquera.

Par exemple, imaginons un bien immobilier, produit d'une infraction, appartenant à la personne poursuivie. Cet immeuble, dans un état délabré, n'intéresse que très peu l'autorité d'enquête et de poursuite, considérant que ce bien sera difficile à aliéner. L'autorité préfère donc s'attarder sur les assurances sur la vie souscrites par la personne poursuivie. Procéder à une saisie en valeur de ces assurances revient à appliquer une saisie pénale de biens incorporels là où, initialement, une saisie immobi-

[220] Art. 706-154 CPP.

lière devait être opérée. Donc la saisie en valeur est un moyen d'étendre le champ d'application des saisies pénales de biens incorporels en faisant intervenir cette procédure dans des cas où elle ne devait pas apparaître.

Avancer que la saisie en valeur constitue une extension du champ des saisies pénales de biens incorporels ne signifie pas que cette procédure prend le pas sur les autres saisies spéciales. Ce propos tient juste à montrer l'application de la procédure propre aux biens incorporels à des situations qui ne le présageaient pas. En effet, pareil raisonnement peut être envisagé pour les saisies immobilières.

Néanmoins il semble que la saisie pénale de biens incorporels prenne le pas face aux saisies pénales de biens mobiliers corporels. En effet ces saisies ont souvent l'inconvénient de porter sur des biens nécessitant stockage et entretien, incompatibles avec le budget de la Justice actuel. Par conséquent il est permis d'avancer que l'extension du champ des saisies pénales de biens incorporels, grâce aux saisies en valeur, se fait, en partie, aux dépens des saisies de biens mobiliers corporels. Les dépens les plus pertinents semblent surtout être portés aux valeurs de la personne poursuivie.

Ainsi la saisie pénale des biens incorporels peut entrer en concours avec d'autres saisies. Cependant ces autres saisies ne présentent pas les mêmes caractéristiques en ce qu'elles servent, soit de fondement à la saisie pénale des biens incorporels, soit de modalité d'exécution de cette mesure.

Chapitre 3. Les effets de la saisie pénale des biens incorporels

La saisie pénale des biens incorporels produit des effets se succédant. Dans un premier temps, la mesure produit des effets sur le bien saisi (Section 1). Ensuite la saisie pénale ouvre la possibilité de voies d'actions (Section 2).

Section 1. Les effets quant au bien

La saisie pénale de biens incorporels produit des effets à compter de sa notification. Ainsi la personne poursuivie ne pourra plus disposer du bien saisi (§1) et devra, en plus, continuer à conserver et entretenir son bien (§2).

§ 1. Le principe de l'indisponibilité du bien saisi

Toute saisie pénale suppose l'indisponibilité du bien, c'est-à-dire l'impossibilité pour la personne poursuivie d'opérer à des actes de dispositions. Cependant ce principe souffre de deux exceptions (A). En effet la loi prévoit deux hypothèses dans lesquelles il sera possible de disposer du bien. Mises à part ces exceptions l'indisponibilité sera totale, en dépit des procédures civiles d'exécution (B) et des procédures collectives (C).

A. Indisponibilité et exceptions

L'article 706-145 alinéa 1 du CPP prévoit que « nul ne peut valablement disposer des biens saisis dans le cadre d'une procédure pénale ». Cet article relatif aux dispositions communes des saisies spéciales s'applique donc à la saisie pénale des biens incorporels.

Ceci constitue le principe d'indisponibilité du bien saisi. Toutefois la suite de cet alinéa 1 prévoit deux exceptions à ce principe. En effet les articles 41-5 et 99-2 du CPP permettent de disposer du bien en dépit de la saisie[221].

L'article 41-5 du CPP, récemment modifié par la loi du 16 février 2015[222], permet, au cours de l'enquête, au procureur de la République d'autoriser la destruction ou la remise à l'AGRASC du bien en vue de son aliénation.

Cette possibilité se manifeste dans plusieurs hypothèses :

Lorsque « la restitution des biens meubles saisis et dont la conservation n'est plus nécessaire à la manifestation de la vérité s'avère impossible, soit parce que le propriétaire ne peut être identifié, soit parce que le propriétaire ne réclame pas l'objet dans un délai d'un mois à

---

[221] Art. 706-145 al. 1 CPP.

[222] L. n° 2015-177 du 16 février 2015 relative à la modernisation et à la simplification du droit et des procédures dans les domaines de la justice et des affaires intérieures, art. 14.

compter de la mise en demeure adressée à son dernier domicile connu[223] ».

Lorsque « la conservation en nature n'est plus nécessaire à la manifestation de la vérité et dont la confiscation est prévue par la loi, lorsque le maintien de la saisie serait de nature à diminuer la valeur du bien[224] ».

Avant d'analyser les modifications de cette loi, il convient auparavant d'analyser le régime de l'article au regard des biens incorporels. Il apparaît que cet article ne s'applique pas pleinement aux saisies pénales de biens incorporels en considérant la nature particulière de ces biens. En effet le procureur de la République ne peut, en toute vraisemblance, autoriser la destruction de biens incorporels. Il semble que cette possibilité soit réservée pour des biens tels que les produits stupéfiants ou les armes. Ainsi cet article ne semble pertinent qu'au regard de la possibilité de remise à l'AGRASC en vue d'aliénation avant jugement, concernant les biens incorporels

De plus les alinéas 3 et 4 de cet article 41-5 du CPP ne peuvent s'appliquer en présence de biens incorporels. L'alinéa 3 est relatif à l'affectation à titre gratuit, du bien aux « services de police, des unités de gendarmerie ou des services de l'administration des douanes qui effectuent des missions de police judiciaire ». Cette possibilité ne paraît être applicable qu'en présence de biens corporels. Ainsi il s'agira, par exemple, de mettre à disposition des services des véhicules terrestres à moteur saisis.

---

[223] Art. 41-5 al. 1 CPP.
[224] Art. 41-5 al. 2 CPP.

L'alinéa 4 ne peut également s'appliquer compte-tenu du fait qu'il est réservé aux « objets qualifiés par la loi de dangereux ou nuisibles, ou dont la détention est illicite ». Aucun bien incorporel ne rentrant dans ces catégories, l'alinéa ne pourra être utilisé en présence de tels biens.

Par ailleurs il apparaît que la remise avant jugement à l'AGRASC, aux fins d'aliénation, ne soit pas possible pour tous les biens incorporels. En effet cette possibilité n'est pas envisageable, par exemple, pour les comptes de dépôt ou les créances de sommes d'argent car ces biens auront déjà été transmis à l'AGRASC. Ceci est aussi dû au fait que ces biens portent directement sur une somme d'argent, dès lors il est inutile de les aliéner.

De plus il est impossible de procéder à la vente avant jugement des assurances sur la vie du fait de la procédure leur étant applicable. Les assurances sur la vie ont la particularité d'être « gelées » entre les mains de l'assureur, ce qui empêche toute vente avant jugement. Il convient également de souligner que ces assurances portent sur des sommes d'argent, ce qui revient à l'inutilité de l'aliénation.

Néanmoins il existe des hypothèses de biens incorporels susceptibles d'être vendus avant jugement. Ainsi, par exemple, des Bitcoins, n'étant plus nécessaires à la manifestation de la vérité, et pouvant se déprécier, pourront être vendus avant le jugement sur le fond, ou encore des parts sociales non réclamées par leur propriétaire.

La modification de l'article 41-5 du CPP par la loi de 2015 a consisté, entre autres[225], à supprimer totalement le rôle du JLD en matière de remise de biens à l'AGRASC pour vente avant jugement (alinéas 1 et 2) et de remise aux Domaines pour affectation à titre gratuit de biens à des services enquêteurs (al. 3) ou encore pour la destruction des objets dangereux, nuisibles ou dont la détention est illicite (al.4).

En effet, sous le régime de la loi du 29 octobre 2007[226], le JLD était détenteur de ce pouvoir d'autorisation sur requête du procureur de la République.

Par ailleurs, l'article 41-5 du CPP ne limite plus la procédure d'aliénation avant jugement aux seuls biens appartenant à la personne poursuivie. Il est donc possible de solliciter la vente d'un bien saisi entre les mains d'un tiers dès lors que celui-ci est susceptible de perdre de la valeur.

L'article 99-2 du CPP permet, quant à lui, comme l'article 41-5 du CPP, la vente avant jugement des biens dont la conservation n'est plus nécessaire à la manifestation de la vérité mais dans le cadre de l'information judiciaire. Dans ce cas, la décision sera ordonnée par le juge d'instruction.

---

[225] Les autres modifications portant sur les délais de réclamation du bien et de mise en demeure de la décision de destruction, ainsi que la suppression de l'exigence d'un titre de propriété de la personne poursuivie concernant l'affectation du bien aux services enquêteurs en ce sens V. S. Almaseanu, Les nouveaux articles 41-4 et 41-5 du Code de procédure pénale tels que modifiés par la loi du 16 février 2015 : *Gazette du Palais*, 28 mars 2015 n° 87, p. 11.

[226] L. n° 2007-1544 du 29 oct. 2007.

Il est à noter que les modifications portées à l'article 41-5 du CPP, par la loi du 16 février 2015, n'ont pas été étendues à l'article 99-2 du CPP. L'important ne réside pas dans la modification relative au JLD, étant entendu que celui-ci n'a pas sa place dans le cadre d'une information judiciaire, mais plutôt dans les délais et surtout dans la possibilité offerte, dans le cadre d'une enquête préliminaire ou de flagrance, de solliciter la vente anticipée d'un bien saisi entre les mains d'un tiers. En effet l'article 99-2 du CPP a conservé le même régime que l'ancien article 41-5 du CPP. Un oubli qui, sans doute, sera corrigé dans une nouvelle loi à vocation civile.

Il reste que l'indisponibilité du bien saisi est le principe des saisies pénales des biens incorporels. Celui-ci se manifeste notamment à l'égard des procédures civiles d'exécution.

B. Indisponibilité et procédure civile d'exécution

L'article 706-145 alinéa 2 du CPP dispose qu'« à compter de la date à laquelle elle devient opposable et jusqu'à sa mainlevée ou la confiscation du bien saisi, la saisie pénale suspend ou interdit toute procédure civile d'exécution sur le bien objet de la saisie pénale ». Cette disposition, outre le fait qu'elle garantisse l'efficacité de la saisie pénale, permet un gel immédiat des biens saisis dans le cadre d'une procédure pénale. L'objectif poursuivi, à travers cet alinéa, est d'empêcher que des procédures civiles d'exécution n'interfèrent dans la procédure pénale et que, de ce fait, l'autorité d'enquête et de poursuite n'ait à gérer un contentieux technique devant le juge de l'exécution, source d'insécurité juridique.

De plus l'article 706-145 alinéa 3 prévoit que « le créancier ayant diligenté une procédure d'exécution antérieurement à la saisie pénale est de plein droit considéré comme titulaire d'une sûreté sur le bien prenant rang à la date à laquelle cette procédure d'exécution est devenue opposable ». Cette disposition constitue une contrepartie à l'alinéa précédent. En effet suspendre ou interdire toute procédure civile d'exécution revêt un caractère pénalisant pour le créancier qui poursuit l'exécution forcée de son titre exécutoire. Par conséquent le législateur a permis de préserver les intérêts des créanciers en ne rendant pas prioritaire les saisies pénales par rapport aux procédures civiles d'exécution. Ainsi aucun privilège n'est conféré aux saisies pénales de biens incorporels en cas de vente d'actifs. Il apparaît donc que « la prééminence procédurale de la saisie pénale sur les voies d'exécution civiles pendant la durée de la procédure pénale ne modifie pas l'ordre des créanciers ni ne confère de privilège à l'État[227] ».

Il en découle que si le montant des créances civiles antérieures à la saisie pénale est supérieur au produit de la vente, l'État ne percevra aucune somme.

Toutefois, par dérogation à ce principe de suspension ou d'interdiction des procédures civiles d'exécution, un créancier peut, en vertu de l'article 706-146 du CPP, être autorisé à engager ou à reprendre une telle procédure civile sur le bien saisi par une procédure pénale, à la con-

[227] Circ. du 22 décembre 2010 relative à la présentation des dispositions résultant de la loi n° 2010-768 du 9 juillet 2010 visant à faciliter la saisie et la confiscation en matière pénale. NOR : JUSD1033251C

dition que « le maintien de la saisie en la forme n'est pas nécessaire » et qu'il dispose « d'un titre exécutoire constatant une créance liquide et exigible ».

Cette autorisation de reprendre ou d'engager une procédure civile d'exécution sur le bien saisi pénalement doit être sollicitée auprès du magistrat ayant autorisé ou ordonné la saisie selon les conditions de l'article 706-144 du CPP. Dès lors dans le cadre d'une information judiciaire, le juge d'instruction détiendra ce pouvoir mais devra solliciter l'avis du parquet[228] alors que, pendant une enquête préliminaire ou de flagrance, le JLD et le procureur de la République seront compétents.

En toute hypothèse, la vente amiable du bien pourra être prohibée afin d'éviter toute forme d'arrangement entre la personne poursuivie et son créancier au détriment de l'État.

Enfin l'article 706-146 alinéa 2 du CPP précise qu'en cas de « reprise d'une procédure civile d'exécution suspendue par la saisie pénale, les formalités qui ont été régulièrement accomplies n'ont pas à être réitérées ».

Ainsi en présence d'une saisie pénale de biens incorporels, le bien sera indisponible malgré toute procédure civile d'exécution sauf à ce que le magistrat, qui a ordonné ou autorisé la saisie, ne permette la reprise ou l'engagement d'une telle procédure civile.

Cette indisponibilité se manifeste également à l'égard des procédures collectives.

---

[228] Art. 706-144 al. 2 CPP.

C. Indisponibilité et procédure collective

L'article 706-147 du CPP envisage l'incidence des saisies spéciales, et donc des saisies pénales de biens incorporels, sur les procédures collectives. Cet article dispose que les « mesures ordonnées en application du présent titre sont applicables y compris lorsqu'elles sont ordonnées après la date de cessation des paiements et nonobstant les dispositions de l'article L. 632-1 du code de commerce ». L'article L. 632-1 du code de commerce prévoit la nullité de certains actes passés pendant la période suspecte, c'est-à-dire postérieurs à la date de cessation des paiements. Selon le 7° du I. de cet article « toute mesure conservatoire, à moins que l'inscription ou l'acte de saisie ne soit antérieur à la date de cessation de paiement » sera nulle.

Avant l'entrée en vigueur des saisies spéciales, cet article du code de commerce avait plusieurs fois été à l'origine de l'annulation de mesures conservatoires prises dans le cadre de procédures pénales. Cela constituait donc une source d'insécurité juridique en ce que la mesure conservatoire pouvait, à tout moment, être déclarée nulle en raison d'un état de cessation des paiements.

C'est pourquoi l'article L. 632-1 du code de commerce n'est pas applicable en présence de saisies spéciales en vertu de l'article 706-147 du CPP. Néanmoins, comme dans le cadre des procédures civiles d'exécution, la circulaire du 22 décembre 2010 ne prévoit aucun privilège à la créance de l'État dans le cadre de la liquidation et du recouvrement des actifs sociaux. Encore une fois la prééminence de la saisie pénale ne sera que procédurale.

Il est à noter que cette dérogation ne s'applique qu'aux saisies spéciales. De ce fait les mesures conservatoires, prévues à l'article 706-103 du CPP, destinées « à garantir le paiement des amendes encourues ainsi que, le cas échéant, l'indemnisation des victimes » ne peuvent se prévaloir de pareille prééminence.

Parallèlement à cette indisponibilité du bien saisi, la personne poursuivie aura l'obligation d'entretenir et de conserver le bien faisant l'objet de la mesure.

§ 2. L'obligation d'entretien et de conservation du bien

Le principe de l'obligation d'entretien et de conservation du bien saisi émane de l'article 706-143 alinéa 1 du CPP. Cet article énonce que « jusqu'à la mainlevée de la saisie ou la confiscation du bien saisi, le propriétaire ou, à défaut, le détenteur du bien est responsable de son entretien et de sa conservation ». La circulaire du 22 décembre 2010[229] recommande de veiller à « donner connaissance de cette obligation à la personne entre les mains de laquelle le bien est saisi, le cas échéant par un rappel dans le corps de la décision elle-même, cette décision lui étant notifiée ».

Cet article se poursuit en envisageant, dans son alinéa 2, la défaillance ou l'indisponibilité du propriétaire ou du détenteur du bien. En pareil cas, « le procureur de la République ou le juge d'instruction peuvent autoriser la

[229] Circ. du 22 décembre 2010 relative à la présentation des dispositions résultant de la loi n° 2010-768 du 9 juillet 2010 visant à faciliter la saisie et la confiscation en matière pénale. NOR : JUSD1033251C.

remise à l'Agence de gestion et de recouvrement des avoirs saisis et confisqués du bien saisi dont la vente par anticipation n'est pas envisagée afin que cette agence réalise, dans la limite du mandat qui lui est confié, tous les actes juridiques et matériels nécessaires à la conservation, l'entretien et la valorisation de ce bien ».

Les obligations d'entretien et de conservation ne font pas l'objet de définition légale, aucun texte n'apportant de précision à ce sujet. Afin de mieux appréhender ces charges, il convient de les analyser dans leur acception commune. L'obligation de conservation se traduit par la nécessité de préserver l'intégrité de la chose, aucun acte ne pouvant être fait s'il est susceptible d'altérer le bien. L'obligation d'entretien, quant à elle, peut être définie au regard de l'article 1716, 2° du Code civil relatif au « contrat de louage ». Ainsi cette obligation suppose le fait « d'entretenir cette chose en état de servir à l'usage pour lequel elle a été louée ».

Les obligations d'entretien et de conservation peuvent donc se comprendre comme l'action, ou l'inaction, dans l'intérêt de la chose. Une expression, issue du droit civil, mais aujourd'hui dépassée[230], permettait d'appréhender ces obligations au regard d'une utilisation dite « en bon père de famille ».

---

[230] La L. n° 2014-873 du 4 août 2014 pour l'égalité réelle entre les femmes et les hommes ayant fait disparaître cette expression qui renvoyait à l'idée du comportement normal d'une personne titulaire d'un droit, spécialement d'un droit d'usage sur le bien d'autrui, obligée d'être normalement prudente, au profit du terme « raisonnable », beaucoup moins évocateur.

Il apparaît que cette obligation d'entretien et de conservation du bien saisi revêt une saveur particulière en présence de biens incorporels. En effet, du fait de leur nature, ces biens ne feront pas l'œuvre d'un entretien et d'une conservation physique.

L'obligation d'entretien peut paraître, par ailleurs, dénuée de sens au regard de certains biens incorporels. Par exemple lors d'une saisie d'une somme d'argent versée au crédit d'un compte bancaire, l'entretien de cette saisie ne supposera aucun acte, car l'argent virtuel ne s'entretient pas, mais résultera seulement de la conservation des sommes à travers leur indisponibilité. Cette obligation sera exécutée par l'AGRASC en considérant le transfert de fonds qu'engendre pareille saisie.

De la même façon une saisie de créance figurant sur un contrat d'assurance sur la vie engendre le gel du bien, dès lors seule l'obligation de conservation, à la charge de l'assureur, sera effectuée.

La valorisation de ces biens s'effectuera toute seule pour les assurances sur la vie en considérant que les intérêts produits se réaliseront automatiquement. Concernant les comptes bancaires, les fonds versés sur le compte bancaire de l'AGRASC produiront également automatiquement des intérêts, dès lors aucun acte direct, sauf le transfert, ne conduira à la valorisation du bien saisi.

L'obligation d'entretien et de conservation joue un rôle important concernant les saisies pénales de droits d'associés. Ces droits se retrouvent dans toutes sortes de produits financiers réglementés comme les titres de capital[231]. Ces droits, dont l'action et les parts sociales en sont la représentation parfaite, sont susceptibles d'être saisis en vertu des articles 706-153 et 706-156 du CPP (régime général des saisies pénales de biens incorporels).

Cependant la saisie de ces droits porte uniquement sur le capital social qu'il représente. Ainsi les droits s'y rattachant, comme le droit de vote, ne seront pas saisis et continueront à être exercés par la personne poursuivie. C'est là que l'obligation d'entretien et de conservation trouve toute sa place en présence de biens incorporels. En effet le détenteur des droits sera astreint au respect de ces obligations. Le saisi devra donc continuer à exercer ses droits sous peine de voir prononcer l'application de l'article 706-143 alinéa 2 du CPP. Cet article constituera le moyen de lutter contre toute décision prise en contradiction avec les obligations d'entretien et de conservation, en ce que la défaillance du saisi provoquera le transfert de l'exercice des droits à l'AGRASC. Mais il est à souligner que ce transfert n'est qu'une faculté laissée aux magistrats.

De la même façon, concernant un fonds de commerce, la saisie pénale du fonds n'entraîne pas l'arrêt de l'activité de celui-ci. De ce fait le propriétaire devra conserver et entretenir l'activité de ce bien sous peine de voir sa défaillance prononcée.

Il apparaît une limite à ces obligations. En effet le contrôle du respect de ces exigences s'avère être délicat au vu du nombre de saisies pénales et à la technicité de certains

[231] Art. L. 212-1 A. CMF.

produits. Par exemple, comment contrôler que le droit de vote d'un porteur de parts sociales est correctement exercé ?

Ainsi la personne poursuivie pourra agir contre l'intérêt du bien saisi sans même que l'autorité d'enquête et de poursuite ne s'en rende compte. De plus l'AGRASC ne dispose pas des moyens humains et financiers pour gérer tous les biens, il convient donc d'utiliser la faculté de l'article 706-143 alinéa 2 du CPP avec mesure.

Par ailleurs, les obligations d'entretien et de conservation doivent se confronter à l'hypothèse où il peut être procédé à la vente avant jugement du bien saisi[232]. Cette situation est à envisager en présence d'actions qui sont susceptibles de se valoriser ou de se déprécier à la faveur du temps et de l'économie boursière. Il peut être intéressant d'analyser pareille situation en présence, par exemple, d'une action se dépréciant. Auquel cas comment se passerait cette vente du capital alors que les droits sont toujours exercés par la personne poursuivie ?

Enfin l'alinéa 3 de l'article 706-143 du CPP prévoit que tout acte qui a pour conséquence de « transformer, modifier substantiellement le bien ou d'en réduire la valeur » est soumis à l'autorisation préalable du JLD, sur requête du procureur de la République qui en a ordonné ou autorisé la saisie, du juge d'instruction qui en a ordonné ou autorisé la saisie ou du juge d'instruction en cas d'ouverture d'une information judiciaire postérieurement à la saisie, qui a donc été réalisée au cours d'une enquête préliminaire ou de flagrance. Il apparaît donc un

---

[232] Art. 41-5 al. 2 CPP.

certain contrôle, textuel, des actes portant sur le bien saisi mais à condition que cet acte soit d'une certaine importance.

La personne poursuivie doit répondre à des obligations durant la saisie, mais celle-ci bénéficie également de voies d'actions pour contester la mesure.

Section 2. L'ouverture de voies d'actions

La saisie pénale de biens incorporels suppose l'ouverture de voies d'actions. Ainsi cette saisie pourra être contestée par le propriétaire du bien saisi mais aussi par les tiers ayant des droits sur le bien faisant l'objet de la mesure (§1). De plus, le propriétaire et ces tiers pourront réclamer la restitution du bien saisi (§2).

§ 1. La contestation de la saisie

L'article 706-153 alinéa 2 du CPP prévoit la procédure applicable en cas d'appel contre la décision initiale de saisie.

L'ordonnance de saisie est notifiée au ministère public, au propriétaire du bien ou du droit saisi et, s'ils sont connus, aux tiers ayant des droits sur ce bien ou ce droit qui ont la possibilité de la déférer à la chambre de l'instruction par déclaration au greffe du tribunal dans un délai de dix jours à compter de la notification qui leur a été faite.

Le délai d'appel a la particularité de ne pas être suspensif, c'est-à-dire qu'il n'empêche pas, par lui-même, l'exécution de la décision de saisie. Cette caractéristique permet d'éviter que l'appel ne serve à organiser la dissipation du bien saisi, objet de la décision.

L'appel de l'ordonnance du JLD ou du juge d'instruction est instruit devant la chambre de l'instruction selon les formes ordinaires. La loi du 6 décembre 2013[233] a modifié quelque peu la modalité concernant le droit d'accès au dossier de la procédure devant la chambre de l'instruction. Sous l'empire de la loi du 9 juillet 2010[234] le propriétaire du bien et les tiers pouvaient être entendus devant la chambre de l'instruction, mais seul le propriétaire pouvait prétendre à la mise à disposition de la procédure. En effet l'article 706-153 alinéa 2 du CPP ancien disposait que « les tiers ne peuvent toutefois pas prétendre à la mise à disposition de la procédure ». De plus cette notion de tiers était source de confusion car il était impossible de savoir s'il s'agissait des tiers à la procédure, ou des tiers ayant des droits sur le bien saisi. Cette ambiguïté a d'ailleurs été relevée dans la Circulaire du 23 janvier 2014 de présentation de la loi du 6 décembre 2013[235].

La loi du 6 décembre 2013 a donc modifié cette disposition en prévoyant expressément que « l'accès au dossier par le requérant, par le propriétaire du bien ou les tiers ayant des droits sur celui-ci, dans le cadre du recours contre la décision de saisie, est strictement limité aux pièces de la procédure se rapportant à la saisie contestée ».

[233] L. n° 2013-1117 du 6 déc. 2013, art. 25.
[234] L. n° 2010-768 du 9 juill. 2010.
[235] Circ. du 23 janv. 2014 relative à la présentation de la loi n° 2013-1117 en date du 6 décembre 2013 relative à la lutte contre la fraude fiscale et la grande délinquance économique et financière, NOR : JUSD1402112C.

Cette évolution, outre le fait qu'elle clarifie le droit, ne distingue même plus entre la situation du propriétaire du bien et celle du tiers ayant des droits dessus.

Avec cette réforme le législateur a permis, aux tiers ayant des droits sur le bien saisi un exercice effectif des droits de la défense mais, en même temps, est venu restreindre les droits du propriétaire en ne lui permettant plus un accès complet au dossier. La Chambre criminelle a récemment considéré que ces nouvelles dispositions n'étaient pas contraires aux articles 6 et 13 de la Convention européenne des droits de l'homme, ni à l'article 1er du Protocole n° 1 de la Convention, en ce qu'elles garantissent « un juste équilibre entre les droits de la personne concernée par la saisie et la nécessité de protéger le secret de l'enquête et de l'instruction[236] ».

Cette restriction a été jugée inopportune par le Conseil national des barreaux, en ce qu'elle ne permet pas de bénéficier de l'intégralité des pièces de la procédure. Elle a également été critiquée par la doctrine[237] car le législateur ne définit pas la notion de « pièce de procédure se rapportant à la saisie ». Cependant, elle ne semble pas poser de problème pratique. En effet, la mise à disposition des pièces de la procédure suppose la transmission de l'ensemble des pièces relatives à la saisie contestée. De ce fait, seront transmis les procès-verbaux de saisie, le procès-verbal d'audition de l'auteur de l'infraction com-

---

[236] Crim. 25 févr. 2015, n° 14-86.447, 14-86.448, 14-86.449 et 14-86.450.

[237] C. Cutajar, « La lutte contre la fraude fiscale à l'épreuve des droits fondamentaux », *JCP G* 2013, p. 824.

portant les explications sur l'acquisition ou la détention du bien saisi, la motivation de la saisie, l'évaluation du bien saisi, la démonstration des liens entre le bien et la personne poursuivie, et donc tous les éléments utiles à la contestation de la saisie.

L'article 706-144 alinéa 1 du CPP encadre l'ensemble du contentieux relatif à l'exécution de la saisie. Ainsi « le magistrat qui a ordonné ou autorisé la saisie d'un bien ou le juge d'instruction en cas d'ouverture d'une information judiciaire postérieurement à la saisie sont compétents pour statuer sur toutes les requêtes relatives à l'exécution de la saisie ». Il semble donc que la saisie bénéficie d'un droit de suite qui concerne le procureur de la République et le JLD dans le cadre d'une enquête préliminaire ou de flagrance et le juge d'instruction en cas d'information judiciaire. Il est à souligner que, si une information judiciaire a été ouverte postérieurement à la saisie, la compétence revient au juge d'instruction. Par exemple admettons un fonds de commerce saisi dans le cadre d'une enquête préliminaire puis une information ouverte, pour les mêmes faits, postérieurement à l'enquête. Le juge d'instruction sera alors compétent pour statuer sur les requêtes relatives à l'exécution de la saisie alors même que cette mesure aura été décidée par le procureur de la République sur autorisation du JLD.

Cependant l'alinéa 2 de cet article 706-144 du CPP dispose que « lorsque la décision ne relève pas du procureur de la République, son avis est sollicité préalablement ». Cela signifie que lorsque la décision émanera du juge instructeur, le parquet devra donner son avis, avant la prise de décision, sur la requête.

Ces décisions relatives à l'exécution de la saisie sont à combiner avec les articles 41-5 et 99-2 du CPP relatives à la destruction et à l'aliénation des biens saisis.

Enfin l'alinéa 3 de l'article 706-144 du CPP prévoit le recours contre la décision prise en vertu du même article. L'appel pourra être interjeté par le requérant ou le procureur de la République, dans un délai de dix jours à compter de la notification de la décision, devant la chambre de l'instruction.

Cet appel a un caractère suspensif, ce qui signifie que durant l'exercice de celui-ci, l'exécution de la décision ne sera pas possible. Contrairement à la procédure d'appel concernant la décision de saisie, le caractère suspensif ne pose aucune difficulté car le bien sera déjà sous main de justice et ne risquera donc pas d'être dissipé.

La contestation de la saisie peut également passer par l'appel de la vente du bien saisi avant jugement. Dès lors il convient d'analyser la procédure applicable aux articles 41-5 et 99-2 du CPP.

Dans le cadre d'une enquête préliminaire ou de flagrance l'article 41-5 du CPP[238] prévoit que la décision d'aliénation est motivée et notifiée par tout moyen aux personnes ayant des droits sur le bien, si celles-ci sont connues, et aux personnes mises en cause. Ces personnes ont la possibilité de contester la décision devant la chambre de l'instruction. Cette contestation doit inter-

---

238 Art. récemment modifié par la loi n° 2015-177 du 16 février 2015 relative à la modernisation et à la simplification du droit et des procédures dans les domaines de la justice et des affaires intérieures.

venir dans les cinq jours qui suivent la notification de la décision, par déclaration au greffe du tribunal ou à l'autorité qui a procédé à cette notification[239]. Ce recours est suspensif.

L'information judiciaire bénéficie toujours du même régime que l'article 41-5 ancien quant aux délais. L'article 99-2 alinéa 5 du CPP énonce que la décision fait l'objet d'une ordonnance motivée. Celle-ci est soit prise sur réquisition du procureur de la République, soit d'office après avis de ce dernier. Elle est notifiée au parquet, aux parties intéressées et, s'ils sont connus, au propriétaire ainsi qu'aux tiers ayant des droits sur le bien, qui peuvent la déférer à la chambre de l'instruction sur simple requête déposée au greffe du tribunal dans les dix jours qui suivent la notification de la décision[240], ce délai est suspensif.

Peu importe le cadre, le propriétaire et les tiers pourront être entendus par la chambre de l'instruction. Cependant les tiers ne pourront prétendre à la mise à disposition de la procédure.

Ainsi, selon le motif de sa contestation (décision elle-même, l'exécution ou la vente avant jugement), la personne poursuivie dispose de moyens pour contester la saisie pénale de biens incorporels.

En plus de contester la saisie, la personne poursuivie, ou le tiers ayant des droits sur le bien, aura la possibilité de demander la restitution du bien saisi.

---

[239] Art. 41-5 al. 5 CPP.
[240] Art. 99 CPP.

§ 2. La demande de restitution

En principe toute restitution de bien saisi se fera lors du jugement. Ainsi soit le bien saisi sera confisqué, soit il sera restitué à son propriétaire. Cependant, si la juridiction de jugement omet de se prononcer sur les biens saisis, il reviendra au propriétaire du bien d'engager des démarches pour le recouvrer. En présence de biens incorporels, cette demande de restitution du bien saisi s'opèrera en vertu de l'article 41-4 CPP[241]. Il est intéressant de souligner que la restitution est soumise à une demande préalable, le bien n'étant donc pas rendu automatiquement en l'absence de confiscation. Ainsi un bien saisi à tort, mais non réclamé, sera, à l'expiration du délai de la demande, dévolu à l'État.

Cette formalité n'est pas propre au droit des saisies pénales. En effet, en matière douanière, la restitution du bien saisi est également subordonnée à l'existence d'une revendication préalable. Cette exigence ressort d'un arrêt de la Cour de cassation du 10 février 2010[242] qui estima qu'un bien saisi ne pouvait être restitué si « la cour d'appel n'était saisie d'aucune demande de revendication par son propriétaire ».

L'article 41-4 alinéa 1 du CPP prévoit la restitution du bien saisi « lorsqu'aucune juridiction n'a été saisie ou lorsque la juridiction saisie a épuisé sa compétence sans avoir à statuer sur la restitution des objets ». Dès lors le procureur de la République ou le procureur général sera compétent pour décider de la restitution des biens saisis.

---

[241] Crim. 19 févr. 2014, n° 13-81.159.

[242] Crim. 10 févr. 2010, n° 09-83.864.

La loi du 16 février 2015[243] a apporté des modifications à cet article. Cette loi est venue préciser que cette compétence peut être également mise en œuvre par le ministère public « au cours de l'enquête », donc à tout moment. De plus, elle a précisé la notion des objets concernés par le texte en évoquant désormais les « objets placés sous main de justice ».

Cette demande de restitution doit intervenir dans un délai de six mois à compter de la décision de classement ou de la décision par laquelle la dernière juridiction saisie a épuisé sa compétence[244]. Lorsque le propriétaire ou la personne à laquelle la restitution a été accordée ne réclame pas l'objet dans un délai de deux mois à compter de la mise en demeure adressée à son domicile, le bien sera, de la même façon, dévolu à l'État.

La Cour de cassation a déjà refusé de renvoyer au Conseil Constitutionnel une Question Prioritaire de Constitutionnalité portant sur l'article 41-4 du CPP. Elle a estimé que la question n'est pas nouvelle en ce qu'elle ne porte pas sur l'interprétation d'une disposition constitutionnelle dont le Conseil Constitutionnel n'aurait pas encore eu l'occasion de faire application. Elle considère que « la procédure de restitution d'objets saisis ne porte pas une atteinte disproportionnée au droit de propriété en raison de la « nécessité d'éviter l'encombrement des services des scellés des juridictions », ainsi que de l'existence d'un délai raisonnable pour revendiquer la

[243] L. n° 2015-177 du 16 février 2015, art.14.
[244] Art. 41-4 al. 3 CPP.

propriété des objets saisis à compter de la décision définitive[245] ».

Par conséquent, cette prescription acquisitive, au profit de l'État, semble justifiée au regard de la bonne administration de la justice. Cependant, en présence de biens incorporels, cet argument ne semble pas pertinent, étant donné l'absence de matérialité de ces biens. Ces délais semblent donc plus constituer un moyen de clore complètement l'affaire et d'opérer un transfert définitif du bien au profit de l'État. En effet, conserver des sommes d'argent inscrites au crédit d'un compte bancaire, sur une longue durée, ne constitue pas un problème en soi. Mais, faire peser sur un fonds de commerce ou une part sociale une saisie, qui ne suppose qu'une appréhension du capital, peut être source de difficultés en considérant l'instabilité qu'engendre pareille mesure au regard de la pratique des droits afférents à ces biens.

La Chambre criminelle est venue préciser le point de départ de forclusion de l'action en restitution de biens saisis dans un arrêt du 13 mars 2012[246].

En effet dans cet arrêt le requérant avait été condamné par la Cour d'assises des Bouches-du-Rhône à vingt-deux ans de réclusion criminelle pour proxénétisme aggravé, meurtre aggravé et vol.

Après avoir interjeté appel de cette décision, il s'était désisté, ce qui fut constaté par ordonnance du président

[245] Cass., QPC, 15 févr. 2011, n° 10-90.124, *D. act.* 7 mars 2012, obs. A. Jezequel.
[246] Crim. 13 mars 2012, n° 11-85.331.

de la cour d'assises des Alpes-Maritimes le 26 avril 2010. Le requérant saisit le procureur général d'une requête en restitution d'une montre placée sous scellé et n'ayant pas fait l'objet d'une mesure de confiscation le 3 novembre 2010, soit six mois et huit jours après constatation de son désistement. Après rejet de cette requête par le procureur général, l'intéressé forma un recours devant la chambre de l'instruction de la cour d'appel, qui confirma le rejet en fixant le point de départ du délai de l'article 41-4 CPP au jour du prononcé de l'arrêt de la première cour d'assises.

La Chambre criminelle censura cette analyse mais rejeta néanmoins le pourvoi formé par le condamné en plaçant le point de départ, en cas d'appel puis de désistement, au jour du constat de désistement.

Si aucune demande de restitution n'a été sollicitée ou décidée dans les six mois alors le bien non-restitué deviendra propriété de l'État, sous réserve des droits des tiers[247].

En cas de vente avant jugement du bien saisi, les articles 41-5 et 99-2 du CPP prévoient la restitution du produit de la vente du bien saisi en cas de classement sans suite par le parquet, de non-lieu par le juge d'instruction, de relaxe ou d'acquittement ou si la peine de confiscation n'est pas prononcée, encore une fois, si le propriétaire du bien saisi en fait la demande. Ainsi, si le bien est vendu en application des articles 41-5 alinéa 2 et 99-2 alinéa 2 du CPP, le produit de la vente sera consigné, l'article 41-5

[247] Art. 41-4 al. 3 CPP.

du CPP ne prévoyant aucune durée de consignation alors que l'article 99-2 l'impose pendant dix ans.

Au terme de la procédure, le procureur de la République qui a dirigé l'enquête ou celui de la juridiction saisie des poursuites informe par tout moyen le propriétaire des biens meubles de son droit à restitution du produit de la vente dès qu'il classe sans suite la procédure ou qu'intervient une décision définitive de non-lieu, de relaxe, d'acquittement ou de condamnation sans que la confiscation ait été prononcée[248].

Le propriétaire du bien devra exercer son droit à restitution dans les deux mois suivant la notification. Le procureur de la République lui délivrera alors une attestation au vu de laquelle il pourra demander à la Caisse des dépôts et consignations que les sommes déposées lui soient versées sans délai, augmentées, le cas échéant, des intérêts échus[249].

L'article R. 15-41-3 du CPP prévoit, dans le cadre d'une information judiciaire, que le procureur de la République de la juridiction devant laquelle s'est déroulée l'instruction informe, par lettre recommandée avec demande d'avis de réception, le propriétaire des biens des modalités de restitution du produit de la vente. La demande de restitution devra intervenir dans les six mois de la notification auprès du même procureur de la République par déclaration contre récépissé ou par lettre recommandée avec demande d'avis de réception. La délivrance d'une attestation pour récupérer les fonds se

---

[248] Art. R. 15-33-66-3 al. 1 CPP.
[249] Art. R. 15-33-66-3 al. 2 CPP.

déroulant comme dans le cadre d'une enquête préliminaire ou de flagrance[250].

La loi du 16 février 2015 a également modifié le recours exercé contre un refus de restitution du bien saisi opposé par le procureur de la République ou par le procureur général. Désormais, ce recours doit être déféré par l'intéressé à la chambre de l'instruction (il était exercé devant le tribunal correctionnel ou la chambre des appels correctionnels sous le régime de l'article 41-4 ancien), dans le délai d'un mois à compter de sa notification, par déclaration au greffe du tribunal ou de la cour ou par lettre recommandée avec demande d'avis de réception. Ce recours est suspensif.

Par ailleurs l'AGRASC joue un rôle important en présence d'une décision de justice restituant le bien saisi. En effet l'article 706-141 alinéa 4 du CPP prévoit qu'elle peut « informer les services compétents et les victimes, à leur demande ou à son initiative, sur les biens qui sont restitués sur décision de justice, afin d'assurer le paiement de leurs créances, notamment fiscales, douanières, sociales ou de dédommagement ». Il apparaît donc que la restitution du bien saisi n'implique pas, pour le propriétaire, la fin de toute procédure. La restitution du bien saisi peut donc avoir un effet pervers en considérant que cette procédure augmentera le patrimoine de la personne concernée, celle-ci sera, de ce fait, en mesure de répondre à d'autres sollicitations.

La saisie pénale des biens incorporels produit donc des effets à l'égard du bien et à l'égard de la personne pour-

[250] Art. R. 15-33-66-3 al. 2 CPP.

suivie. Les tiers ayants des droits sur le bien saisi auront également le bénéfice de ces effets en pouvant contester la mesure.

En instituant des droits et des devoirs, le législateur a semble-t-il voulu faire de cette saisie, une procédure respectueuse des droits de chacun.

Conclusion de Partie

Le législateur a créé des procédures techniques et complexes en vue de répondre à des situations particulières. Ainsi, il existe une pluralité de procédures applicables aux biens incorporels, mais celles-ci permettent d'adapter la procédure à la particularité de ces biens.

De plus, l'existence de différentes procédures engendre des concours de saisies. Cette hypothèse, prévue par le législateur, suppose l'extrême vigilance des autorités d'enquête et de poursuite afin de ne pas voir déclarer la nullité de l'acte de saisie.

La saisie pénale des biens incorporels entraîne, par ailleurs, des droits et des devoirs. Ainsi, la personne poursuivie devra entretenir et conserver le bien saisi mais aura la possibilité de contester la saisie.

Conclusion

La saisie pénale des biens incorporels est difficile à appréhender du fait de sa technicité. Cependant, celle-ci s'avère être plus que nécessaire, au vu de l'évolution de la délinquance, de son rôle préventif et répressif. La compréhension de cette dernière suppose de raisonner avec méthode et discipline. Ceci nécessite d'établir les fondements de la saisie avant même de pouvoir mettre en œuvre la procédure s'y rapportant.

La complexité de cette étude résulte autant de la procédure même de la saisie pénale que de la nature particulière des biens incorporels. Ces derniers se caractérisent par leur diversité qui engendre des difficultés pour établir un régime commun à tous ces biens.

Après l'entrée en vigueur de la loi du 9 juillet 2010, le législateur a modifié par petites touches successives le régime des saisies pénales des biens incorporels. Ces modifications sont en grande partie issues des praticiens qui, au contact quotidien de ces procédures, ont su déceler les failles du système. Toutefois, il ne faut pas négliger le rôle important, si ce n'est prépondérant, des délinquants dans le perfectionnement de notre régime des saisies pénales des biens incorporels. En effet, ceux-ci, dans leur volonté d'échapper à tout prix à la confiscation de leurs biens, ont fait preuve d'une ingéniosité qui mérite d'être soulignée.

Alors qu'avant 2010, les saisies pénales des biens incorporels en France étaient limitées et ne faisaient pas honneur à l'influence du droit français à l'échelle internationale. La loi « Warsmann » a fait de notre procédure une des plus adaptatives et abouties.

La saisie pénale des biens incorporels n'est pas à la portée de tout enquêteur. En effet, pareille procédure suppose une spécialisation des agents, ainsi que la mise en place de structures spécialisées capables de répondre aux nécessités techniques de la procédure. Certaines structures existent déjà mais ne sont pas en capacité de répondre à toutes les sollicitations.

Par ailleurs, au-delà de toute spécialisation, les saisies pénales supposent de s'intéresser aux faits délictueux. Ceci s'avère être impératif afin de pouvoir motiver et justifier une mesure de saisie.

Index

Bibliographie

Ouvrages

AMBROISE-CASTEROT, C., *Droit pénal spécial et des affaires*, 4e éd., Gualino, 2014.

BRENNER, C., *Procédures civiles d'exécution*, 7e éd., Dalloz, 2013.

CARBONNIER, J., *Droit civil ; Tome 2, Les biens, Les obligations*, Paris, Presses Universitaires de France - PUF, 2004.

CORNU, G., *Vocabulaire juridique*, 9e éd., PUF, 2002.

DREYER, E., *Droit pénal général*, 3e éd., Paris, Lexis Nexis, 2014.

FRICERO, N., *Procédures civiles d'exécution. Voies d'exécution, procédures de distribution*, 3e éd., Gualino, 2013.

GUINCHARD, S. et J. BUISSON, *Procédure pénale*, 9e éd., Litec, 2014.

HERZOG-EVANS, M. et G. ROUSSEL, *Procédure pénale*, 3e éd., Vuibert, 2012.

JACQUEMONT, A., *Droit des entreprises en difficulté*, 8e éd., Paris, Lexis Nexis, 2013.

LE CORRE, P.-M., *Droit et pratique des procédures collectives*, 8e éd., Dalloz, 2014.

LEPAGE, A., P. MAISTRE DU CHAMBON et R. SALOMON, *Droit pénal des affaires*, 3e éd., Paris, Litec, 2013.

MERLE, R. et A. VITU, *Traité de droit criminel. Tome 2, Procédure pénale*, 5e éd., Cujas, 2001.

PERROT, R. et P. THERY, *Procédures civiles d'exécution*, 3e éd., Cujas, 2013.

PRADEL, J., *Procédure pénale*, 16e éd., Cujas, 2011.

RASSAT, M.-L., *Droit pénal général*, 3e éd., Ellipses, 2014.

STEFANI, G., G. LEVASSEUR et B. BOULOC, *Procédure pénale*, 19e éd., Dalloz, 2004.

TERRE, F. et P. SIMLER, *Droit civil, les biens*, 9e éd., Dalloz, 2014.

Ouvrages spécialisés

AUBRY, E., *La saisie des avoirs criminels : Limites et perspectives*, Mémoire de Master Droit et Études Européennes en Sciences Criminelles, sous la direction de C. Cutajar, École de management de Strasbourg, 2014.

BEAUSSONIE, G., *La prise en compte de la dématérialisation des biens par le droit pénal : contribution à l'étude de la protection pénale de la propriété*, 532, LGDJ, Lextenso, 2012.

CUTAJAR, C., *Garantir que le crime ne paie pas, Stratégie pour enrayer le développement des marchés criminels*, coll. Collections de l'Université de Strasbourg, Presses Universitaires de Strasbourg, 2010.

CUTAJAR, C., « Les apports de la loi n° 2013-1117 du 6 décembre 2013 relative à la lutte contre la fraude fiscale et la grande délinquance économique et financière au droit des saisies et des confiscations », *Revue du GRASCO n°8 février 2014 (p. 55)* (février 2014).

DEFOIS, S., *« Être criminel, avoir illicite », De la condamnation sans confiscation aux confiscations sans condamnation*, Mémoire de Master 2 professionnel Droit, Économie, Gestion, mention droit des affaires, sous la direction de R. Stiffel, Strasbourg, Université de Stasbourg, 2013.

DUCHAINE, C. et D. MARTINELLO, « Décès du prévenu et récupération des produits du crime », *Revue du GRASCO n°3, Octobre 2012 (p. 14)* (octobre 2012).

TRACFIN - GROUPE DE TRAVAIL « MONNAIES VIRTUELLES », *L'encadrement des monnaies virtuelles, recommandations visant à prévenir leurs usages à des fins frauduleuses ou de blanchiment*, 2014.

Articles de revues

« Confiscation des biens du mis en examen : application immédiate de la loi - Cour de cassation, crim. », (2012) (p. 1652) *Dalloz Revues*, en ligne : <http://www.dalloz-revues.fr/Recueil_Dalloz-cover-12161.htm> (consulté le 18 juillet 2015).

« Confiscation pénale (valeur) : conditions d'application de la loi du 27 mars 2012, Crim. 24 sept. 2014 », (2014) 34-34 *Dalloz*.

ALMASEANU, S., « Le traitement pénal du Bitcoin et des autres monnaies virtuelles », (2014) Gaz. Pal.-242 (p. 11) *Lextenso*.

ALMASEANU, S., « Les nouveaux articles 41-4 et 41-5 du Code de procédure pénale tels que modifiés par la loi du 16 février 2015 », (2015) Gaz. Pal.-87 (p. 11) *Lextenso*.

ASCENSI, L., « Saisie conservatoire des biens à la « libre disposition » du mis en examen - Cour de cassation, crim. 09 mai 2012 », (2012) AJ pénal 2012-7-8 (p. 427) *Dalloz revues*.

ASCENSI, L., « Précisions sur la notion de bien à la « libre disposition » du mis en examen - Cour de cassation, crim. 23 mai 2013 », (2013) AJ pénal 2013-9 (p. 482) *Dalloz revues*.

ASCENSI, L., « Retour sur la notion de bien à la libre disposition du mis en examen - Cour de cassation, crim. 29 janvier 2014 », (2014) AJ pénal 2014-6 (p. 310) *Dalloz revues*.

ASCENSI, L., « Application dans le temps de la saisie en valeur - Cour de cassation, crim. 24 septembre 2014 », (2013) AJ pénal 2014-12 (p. 592) *Dalloz revues*.

ASCENSI, L., « Saisies spéciales », dans répertoire de droit pénal et de procédure pénale, Dalloz.

ASCENSI, L., « Les saisies et confiscations en matière pénale après la loi du 9 juillet 2010 : l'édifice parachevé ? », AJ pénal 2015-(p. 228) *Dalloz revues*.

BEZIZ-AYACHE, A., « Confiscation », dans répertoire de droit pénal et de procédure pénale, Dalloz.

BOLLE, A., « Une loi pour « frapper les délinquants au portefeuille », (2010) Gaz. Pal.-231 (p. 12) *Lextenso*.

BOMBLED, M., « Saisie pénale immobilière et droit de propriété », *Dalloz Actualité* 2012.

BOMBLED, M., « Saisie d'un actif social en raison de la mise en examen des associés », *Dalloz Actualité* 2013.

CAMOUS, E., « Fasc. 20 : Des saisies pénales spéciales - Régime général », (2014) JCl Procédure pénale 2014 *LexisNexis*.

CAMOUS, E., « Fasc. 20 : Peines criminelles et correctionnelles - Confiscation », (2014) JCl Pénal Code 2014 *LexisNexis*.

CAMOUS, E., « Fasc. 20 : Des saisies pénales spéciales - Régimes particuliers », (2015) JCl Procédure pénale 2015 *LexisNexis*.

CUTAJAR, C., « Commentaire des dispositions de droit interne de la loi n° 2010-768 du 9 juillet 2010 visant à faciliter la saisie et la confiscation en matière pénale », *Dalloz* 2010.35 (p. 2305).

CUTAJAR, C., « Saisie pénale et « libre disposition », *Dalloz* 2012. (p. 1652).

CUTAJAR, C., « Le nouveau droit des saisies pénales », (2012) 3 (p. 124)-3 (p. 124) *Dalloz revues*.

CUTAJAR, C., « La lutte contre la fraude fiscale à l'épreuve des droits fondamentaux », (2013) (p. 824)-(p. 824) *LexisNexis*.

CUTAJAR, C., « Saisie pénale et « libre disposition » : nouvelle illustration de l'autonomie du droit pénal des affaires », (2013) JCP G 2013-(p. 801) *LexisNexis*.

FONTEIX, C., « Confiscation : pas d'intervention volontaire du tiers sans bonne foi », *Dalloz Actualité* 2014.

FONTEIX, C., « Saisie pénale spéciale et confiscation : champ d'application identique », *Dalloz Actualité* 2014.

FONTEIX, C., « Biens saisis ni restitués ni confisqués : comment les récupérer ? », *Dalloz Actualité* 2014.

GALLOIS, J., « Le mis en examen ne peut rien face à la volonté du JLD de saisir ses biens - Cour de cassation, crim. 15 mars 2011 », (2011) AJ pénal 2011-(p. 373) *Dalloz revues.*

GIRAULT, C., « Saisie conservatoire : application immédiate du nouvel article 706-148 du CPP », *Dalloz Actualité* 2012.

GUERY, C., « Instruction préparatoire », dans répertoire de droit pénal et de procédure pénale, Dalloz.

HOVASSE, H., N. MARTIAL-BRAZ et S. LE NORMAND-CAILLERE, « Fasc. 1950 : Bons de caisse », (2013) JCl Sociétés Traité 2013 *LexisNexis.*

JEZEQUEL, A., « Non-restitution des biens saisis : pas de renvoi de la QPC », *Dalloz Actualité* 2011.

LAMBERTYE-AUTRAND, M.-C. DE, « Biens - Distinctions », (2015) JCl Civil Code 2015 *LexisNexis.*

LASSERRE CAPDEVILLE, J., « « Le Bitcoin », (2013) JCP E 2014-(p. 25) *LexisNexis.*

LENA, M., « Constitutionnalité de la peine complémentaire de confiscation prévue par la loi », *Dalloz Actualité* 2010.

LENA, M., « Contentieux des nouvelles saisies pénales portant sur des comptes bancaires », *Dalloz Actualité* 2012.

LENA, M., « Point de départ du délai de forclusion de l'action en restitution de biens saisis », *Dalloz Actualité* 2012.

LENA, M., « Fondement et nature juridique des nouvelles saisies conservatoires », *Dalloz Actualité* 2012.

OLLARD, R., « La fiducie : aspect de droit pénal », (2009) RSC 2009-3 (p. 545) *Dalloz revues*.

PATTIN, M., J. GOJKOVIC-LETTE et J.-P. LEBEAU, « Le cadre juridique du dispositif de captation des avoirs criminels et sa mise en œuvre par la gendarmerie nationale », AJ pénal 2012-(p. 130) *Dalloz revues*.

PELSEZ, E., « L'agence de gestion et de recouvrement des avoirs saisis et confisqués - AGRASC », AJ pénal 2012-(p. 139) *Dalloz revues*.

PERRIER, J.-B., « Le juge ordinaire, garant du respect de la constitutionnalité des peines appliquées aux contraventions - Conseil constitutionnel 26 novembre 2010 », AJ pénal 2011-(p. 31) *Dalloz revues*.

PETIT, B., « Une nouvelle approche de la lutte contre la criminalité organisée : la prise en compte du volet financier des enquêtes », AJ pénal 2012-(p. 48) *Dalloz revues*.

PRIOU-ALIBERT, L., « Saisie pénale de somme d'argent versées sur un compte bancaire », *Dalloz Actualité* 2012.

PRONIER, J., « Saisies patrimoniales et saisies spéciales en matière pénale : une articulation complexe », AJ pénal 2012-(p. 661) *Dalloz revues*.

REYGROBELLET, A., « Les bons de capitalisation : des créances, dont on peut déterminer la « propriété », (2008) Bull. Joly-12 (p. 984) *Lextenso*.

ROBERT, J.-H., « Une importante réforme de la procédure pénale inachevée - à propos de la loi du 9 juillet 2010 », (2010) JCP G 2010-(p. 25) *LexisNexis*.

ROUJOU DE BOUBEE, G., T. GARE, S. MIRABAIL et T. POTASZKIN, « Droit pénal », *Dalloz* 2011.(p. 2823).

ROUSSEL, G., « Absence de restitution et remise aux domaines du navire utilisé pour un trafic de stupéfiants quelle que soit l'identité de son propriétaire – Cour de cassation, crim. 05 janvier 2010 », AJ pénal 2010-(p. 194) *Dalloz revues*.

SAENKO, L., « Instruction préparatoire et saisie immobilière en valeur », *Dalloz* 2014.(p. 2227).

SOUVIRA, J.-M., P. MATHYS et S. DEFOIS, « La plateforme d'identification des avoirs criminels (PIAC), outil à disposition des enquêteurs et des magistrats », AJ pénal 2012-(p. 134) *Dalloz revues*.

STIFFEL, R., « L'activité de l'AGRASC en matière de saisie pénale immobilière et de confiscations immobilières », AJ pénal 2012-(p. 142) *Dalloz revues*.

Textes législatifs

Loi n° 86-824 du 11 juillet 1986 de finances rectificative pour 1986.

Loi n° 2007-297 du 5 mars 2007 relative à la prévention de la délinquance.

Loi n° 2010-768 du 9 juillet 2010 visant à faciliter la saisie et la confiscation en matière pénale, (2010) 2010-768, NOR : JUSX0912931L.

Loi n° 2011-267 du 14 mars 2011 d'orientation et de programmation pour la performance de la sécurité intérieure, (2011) 2011-267, NOR : IOCX0903274L.

Loi n° 2012-409 du 27 mars 2012 de programmation relative à l'exécution des peines, (2012) 2012-409, NOR : JUSX1128281L.

Loi n° 2013-1117 du 6 décembre 2013 relative à la lutte contre la fraude fiscale et la grande délinquance économique et financière, (2013) 2013-1117, NOR : JUSX1310649L.

Loi n° 2015-177 du 16 février 2015 relative à la modernisation et à la simplification du droit et des procédures dans les domaines de la justice et des affaires intérieures, (2015) 2015-177, NOR : JUSX1326670L.

Circulaires

Circulaire du 22 décembre 2010 relative à la présentation des dispositions résultant de loi n° 2010-768 du 9 juillet 2010 visant à faciliter la saisie et la confiscation en matière pénale, NOR : JUSD1033251C.

Circulaire du 4 août 2011 portant sur la présentation des dispositions de la loi n° 2011-267 du 14 mars 2011 dite « LOPPSI II » relatives à la criminalité organisée et autres contentieux spécialisés, NOR : JUSD1121937C.

Circulaire du 14 mai 2012 présentant les dispositions de droit pénale et de procédure pénale de la loi n° 2012-409 du 27 mars 2012 de programmation relative à l'exécution des peines, NOR : JUSD1222695C.

Circulaire du 16 juillet 2012 de présentation des dispositions relatives à l'exécution des peines de confiscation de la loi n° 2012-409 du 27 mars 2012, NOR : JUSD1229412C.

Circulaire du 23 janvier 2014 relative à la présentation de la loi n° 2013-1117 en date du 6 décembre 2013 relative à la lutte contre la fraude fiscale et la grande délinquance économique et financière, NOR : JUSD1402112C.

Circulaire du 19 février 2015 de présentation des dispositions de la loi n° 2015-177 du 16 février 2015 relative à la modernisation et à la simplification du droit et des procédures dans les domaines de la justice et des affaires intérieures, NOR : JUSC1504802C.

Webographie

« 4,3 millions d'euros volés à une plate-forme d'échange de bitcoins », *Le Monde.fr*, sect. Pixels (6 janvier 2015), en ligne : <http://www.lemonde.fr/pixels/article/2015/01/06/4-3-millions-d-euros-voles-a-une-plate-forme-d-echange-de-bitcoins_4550216_4408996.html>.

« Terrorisme : la France veut renforcer les dispositions « antiblanchiment », *Le Monde.fr*, sect. Économie (23 janvier 2015), en ligne : <http://www.lemonde.fr/economie/article/2015/01/23/terrorisme-la-france-veut-renforcer-les-dispositions-antiblanchiment_4562022_3234.html>.

« Bitcoin : le premier trafic démantelé en Europe est français » *La Tribune* (7 juillet 2014), en ligne : <http://www.latribune.fr/technos-medias/internet/20140707trib000838782/bitcoin-le-premier-trafic-demantele-en-europe-est-francais.html>.

« Bitcoin : les gendarmes démantèlent une plateforme en France », *Le Point* (7 juillet 2014), en ligne : <http://www.lepoint.fr/chroniqueurs-du-point/guerric-poncet/bitcoin-les-gendarmes-demantelent-une-plate-forme-en-france-07-07-2014-1843937_506.php>.

Table des matières

Économie et Entreprise

aux éditions L'Harmattan

Dernières parutions

LA BOURSE OU LA VIE
Réflexions sur les valeurs contemporaines
Péruisset-Fache Nicole
Nous vivons une époque de confusion, alors que l'économie, devenue une fin en soi, n'est pas mise au service des humains, assujettis dans leur grande majorité par une oligarchie de puissants. Ce sont alors toutes les valeurs traditionnelles qui se trouvent mises à mal, voire inversées ou même annulées, au cœur d'une civilisation qui, sous la menace nucléaire, porte mal son nom. Il est peut-être encore temps de mettre l'homme au centre des valeurs...
(Coll. Questions contemporaines, 18.00 euros, 182 p.)
ISBN : 978-2-343-06227-3, ISBN EBOOK : 978-2-336-37622-6

ARRÊTEZ DE NOUS COMPLIQUER L'EXISTENCE
115 préconisations concrètes pour redresser notre économie
Moreau Max - Préface de Jean-Paul Betbèze
Ce nouvel essai de Max Moreau porte sur la nécessité d'une rupture économique clairvoyante et propose un modèle séquentiel méthodique - économique, militaire, intellectuel -, un diagnostic et une stratégie - Master Plan -, des choix rigoureux. 115 préconisations drastiques, des objectifs ambitieux, un idéal pour transcender les Français. Servi par un humour corrosif, ce recueil de compréhension économique originale et pragmatique est un appel à la lucidité... Il s'agit d'une vraie mesure de salut public, le livre de chevet idéal pour les gouvernants !
(16.50 euros, 158 p.)
ISBN : 978-2-343-06240-2, ISBN EBOOK : 978-2-336-38177-0

LA MONNAIE ENDOGÈNE
Une critique de la théorie quantitative de la monnaie
Bakala Toussaint Armel
La nature de la monnaie donne lieu à des divergences chez les économistes, qui viennent en règle générale de ce que les hypothèses sur lesquelles ils s'appuient diffèrent selon qu'ils appartiennent à tel ou tel courant de pensée. Cet ouvrage est un concentré de savoir en économie monétaire et financière depuis l'âge classique à nos jours. Il s'adresse aux étudiants, chercheurs et enseignants en sciences économiques intéressés par les théories monétaires et financières, les déséquilibres

macroéconomiques et les récents développements de la macroéconomie postkeynésienne.
(Coll. L'esprit économique, série Krisis, 42.00 euros, 430 p.)
ISBN : 978-2-343-06273-0, ISBN EBOOK : 978-2-336-38165-7

LIBÉRALISME ET TOTALITARISME
Da Silva Jean-Marc
Est-il possible que le libéralisme nous conduise à une vie soumise au régime de la contrainte absolue ? Comme toute idéologie, le libéralisme part d'une idée simple qu'il développe logiquement : l'individu souverain. Il se heurte à l'État, forme moderne de la souveraineté collective. Pas à pas, il phagocyte toutes les articulations de la vie collective et pénètre les esprits par les voies symboliques. Sa force ? Déployer un discours communément admis capable de modifier les comportements, les pratiques et les pensées.
(Coll. Questions contemporaines, 25.00 euros, 246 p.)
ISBN : 978-2-343-06068-2, ISBN EBOOK : 978-2-336-37617-2

BILAN D'UNE RÉFLEXION DE QUATRE DÉCENNIES ET ENJEUX DU FUTUR
Sous la direction de Roger Tsafack Nanfosso ; préface de Claude Albagli
Quel est l'apport scientifique du CEDIMES après quarante années d'existence ? Ce livre part d'une rétrospective analytique sur la pertinence des choix des problématiques arrêtés depuis 1972, puis évalue les résultats obtenus autour de huit thématiques : l'entrepreneuriat et le marché, l'entrepreneuriat et les structures, le développement, le développement durable, la mondialisation, les politiques économiques, les apports des autres disciplines et l'aménagement territorial.
(Coédition CEDIMES, Coll. Mouvements économiques et sociaux, 19.50 euros, 190 p.)
ISBN : 978-2-343-05531-2, ISBN EBOOK : 978-2-336-38087-2

SORTIR DU HARCÈLEMENT MORAL
Conseils d'experts
Sous la direction de Guy Sallat / Préface du Sénateur Alain Milon, Président de la commission des affaires sociales au Sénat
Comment lutter contre le phénomène du harcèlement moral au travail pour se protéger et faire valoir ses droits ? Comment lutter pour le stopper et le vaincre ? Cet ouvrage, par les éclairages d'une vingtaine de personnalités, s'adresse tant aux personnes qui se sentent victimes qu'aux autres publics concernés : employeurs, managers, préventeurs, médecins, avocats, médiateurs. Ces experts recommandent des idées, des postures et des outils concrets qui aideront à mieux se battre contre le harcèlement moral au travail.
(20.00 euros, 224 p.)
ISBN : 978-2-343-06060-6, ISBN EBOOK : 978-2-336-37600-4

FAUT-IL AVOIR PEUR DE NOS CENTRALES NUCLÉAIRES ?
Pourra-t-on s'en passer ?
Sapy Georges
Ce livre est un cri d'alarme contre l'idéologie, le déni de raison et de réalité, et leur résultat : l'agitation de peurs irrationnelles et la manipulation. Oui, les

centrales nucléaires peuvent être dangereuses quand les hommes se comportent en «chauffards du nucléaire», mais bien moins que beaucoup d'autres activités humaines quand toutes les précautions sont prises. Ce livre revient sur les facteurs organisationnels et humains indispensables, puis répond à la question : pourra-t-on se passer des centrales nucléaires ?
(24.00 euros, 238 p.)
ISBN : 978-2-343-06085-9, ISBN EBOOK : 978-2-336-37570-0

VIVRE ET TRAVAILLER DANS LES ESPACES À FAIBLE DENSITÉ
Quelles stratégies de développement ?
Sous la direction de Claude Devès
Au moment où le fait métropolitain semble concentrer toute l'attention des pouvoirs publics, il est utile de faire le point sur l'avenir des territoires «interstitiels», ruraux pour la plupart. En effet, l'actuelle réforme territoriale oriente vers une réorganisation des territoires autour d'une métropole ou d'une ville-région, mais pose en même temps la question du devenir de ces espaces : seront-ils aspirés par le fait métropolitain et pourront-ils en bénéficier ou sont-ils condamnés à un lent et inexorable dépérissement ?
(Coll. Grale, 28.00 euros, 268 p.)
ISBN : 978-2-343-05609-8, ISBN EBOOK : 978-2-336-37336-2

LES STRATÉGIES DE COOPÉRATION
Une réponse à la responsabilité sociétale des entreprises
Da Fonseca Marie
La présente recherche s'intéresse aux enjeux managériaux rencontrés par les entreprises dans le cadre de l'opérationnalisation de la responsabilité sociétale, en mobilisant le courant de la Corporate Social Responsiveness, qui propose de porter une attention particulière aux changements organisationnels. L'Étude exploratoire, basée sur l'analyse des dix-sept associations thématiques recensées sur le territoire français, permet d'identifier différents profils de stratégies de coopération et d'en dresser une typologie.
(Coll. Entreprises et Management, 35.50 euros, 346 p.)
ISBN : 978-2-343-05622-7, ISBN EBOOK : 978-2-336-37586-1

COOPÉRATION ET MANAGEMENT
L'exemple des Sociétés Coopératives et Participatives (SCOP)
Lainé Annick
Cet ouvrage illustre une démarche de recherche coopérative dont l'objet concerne le Management des Ressources humaines en SCOP. Ces entreprises coopératives, au projet politique original, s'organisent à partir de valeurs héritées du XIXe siècle que sont la solidarité, la propriété collective intergénérationnelle et l'équité avec une triple filiation économique, politique et sociale et nécessitent un management adapté pour animer une organisation de salarié(e)s, associé(e)s majoritaires et coresponsables d'une entreprise coopérative.
(Coll. Entreprises et Management, 29.00 euros, 284 p.)
ISBN : 978-2-343-05637-1, ISBN EBOOK : 978-2-336-37075-0

LITTLE LEAN GUIDE FOR THE USE OF MANAGERS
Roche Cécile - Foreword by Jacques Chaize
In a world of permanent crisis, where change is the norm, Lean becomes fashionable. Yet, companies who have chosen to fundamentally transform it self, following the Lean principles and investing first on women and men, have, globally, and in the long term, the best economic results. This book, with simple concepts and illustrated with many examples, analyzes the main misconceptions about Lean, taking each time the views of managers and operational concerned. (Version anglaise de Petit guide Lean à l'usage des managers).
(Coédition Institut Lean France, 13.50 euros, 118 p.)
ISBN : 978-2-343-05918-1, ISBN EBOOK : 978-2-336-37574-8

REDRESSER VOTRE ENTREPRISE EN 100 QUESTIONS
Guide pratique pour tout savoir de l'entreprise en difficulté
De Germay Nicolas - En collaboration avec Jérôme de Chanaud
En 100 questions et 100 réponses, ce guide traite de manière pratique de tous les aspects (juridique, économique, financier, social) liés au retournement, au traitement ou à la reprise d'une entreprise en difficulté. Outil indispensable aux entrepreneurs et à tous les partenaires de l'entreprise, il donne des conseils sur la gestion et fournit la méthodologie pour reprendre une entreprise en difficulté. Des témoignages de professionnels offrent un éclairage vivant sur leur rôle et leurs interventions.
(26.00 euros, 256 p.)
ISBN : 978-2-343-05272-4, ISBN EBOOK : 978-2-336-37133-7

LES SALARIÉS DANS LA TOURMENTE
Restructurations et montée du populisme de droite
Plomb Fabrice, Poglia Mileti Francesca
Et si la crise économique profitait au populisme radical ? Dans cet ouvrage, l'exploration du monde du travail permet de plonger au cœur des raisons qui ont modifié les visions du monde qui, par certains aspects, présentent des affinités avec les programmes des mouvements de la droite radicale. Par le biais d'entretiens approfondis auprès d'employés dans des secteurs économiques en grande transformation, les chercheurs ont dévoilé des effets peu connus des «nouvelles organisations du travail».
(Coll. Questions sociologiques, 22.00 euros, 226 p.)
ISBN : 978-2-343-05423-0, ISBN EBOOK : 978-2-336-37129-0

100 MISSIONS D'INTELLIGENCE ÉCONOMIQUE
Sous la direction d'Inès Elhias et Nicolas Moinet
Veille, management des connaissances, protection de l'information, *lobbying* et influence sont autant de situations rencontrées par les entreprises entamant ou développant une démarche d'intelligence économique. Cet ouvrage propose 100 fiches relatant 100 missions d'intelligence économique, offrant une véritable vision d'ensemble des limites, obstacles ou moteurs rencontrés par de jeunes professionnels dans des domaines divers (industrie, agro-alimentaire, communication...).
(Coll. Intelligence économique, 18.50 euros, 190 p.)
ISBN : 978-2-343-05574-9, ISBN EBOOK : 978-2-336-37209-9

L'HARMATTAN ITALIA
Via Degli Artisti 15; 10124 Torino
harmattan.italia@gmail.com

L'HARMATTAN HONGRIE
Könyvesbolt ; Kossuth L. u. 14-16
1053 Budapest

L'HARMATTAN KINSHASA
185, avenue Nyangwe
Commune de Lingwala
Kinshasa, R.D. Congo
(00243) 998697603 ou (00243) 999229662

L'HARMATTAN CONGO
67, av. E. P. Lumumba
Bât. – Congo Pharmacie (Bib. Nat.)
BP2874 Brazzaville
harmattan.congo@yahoo.fr

L'HARMATTAN GUINÉE
Almamya Rue KA 028, en face
du restaurant Le Cèdre
OKB agency BP 3470 Conakry
(00224) 657 20 85 08 / 664 28 91 96
harmattanguinee@yahoo.fr

L'HARMATTAN MALI
Rue 73, Porte 536, Niamakoro,
Cité Unicef, Bamako
Tél. 00 (223) 20205724 / +(223) 76378082
poudiougopaul@yahoo.fr
pp.harmattan@gmail.com

L'HARMATTAN CAMEROUN
BP 11486
Face à la SNI, immeuble Don Bosco
Yaoundé
(00237) 99 76 61 66
harmattancam@yahoo.fr

L'HARMATTAN CÔTE D'IVOIRE
Résidence Karl / cité des arts
Abidjan-Cocody 03 BP 1588 Abidjan 03
(00225) 05 77 87 31
etien_nda@yahoo.fr

L'HARMATTAN BURKINA
Penou Achille Some
Ouagadougou
(+226) 70 26 88 27

L'HARMATTAN SÉNÉGAL
10 VDN en face Mermoz, après le pont de Fann
BP 45034 Dakar Fann
33 825 98 58 / 33 860 9858
senharmattan@gmail.com / senlibraire@gmail.com
www.harmattansenegal.com

L'HARMATTAN BÉNIN
ISOR-BENIN
01 BP 359 COTONOU-RP
Quartier Gbèdjromèdé,
Rue Agbélenco, Lot 1247 I
Tél : 00 229 21 32 53 79
christian_dablaka123@yahoo.fr

Achevé d'imprimer par Corlet Numérique - 14110 Condé-sur-Noireau
N° d'Imprimeur : 125330 - Dépôt légal : janvier 2016 - *Imprimé en France*

www.ingramcontent.com/pod-product-compliance
Lightning Source LLC
LaVergne TN
LVHW011040061026
849535LV00006B/2098